Voltaire | Über Toleranz

Voltaire
Über Toleranz

Aus Anlass des Todes von Jean Calas

Aus dem Französischen übersetzt
von Ulrich Bossier

Reclam

RECLAMS UNIVERSAL-BIBLIOTHEK Nr. 14018
2020 Philipp Reclam jun. Verlag GmbH,
Siemensstraße 32, 71254 Ditzingen
Gestaltung: Cornelia Feyll, Friedrich Forssman
Druck und Bindung: Esser printSolutions GmbH,
Untere Sonnenstraße 5, 84030 Ergolding
Printed in Germany 2024
RECLAM, UNIVERSAL-BIBLIOTHEK und
RECLAMS UNIVERSAL-BIBLIOTHEK sind eingetragene Marken
der Philipp Reclam jun. GmbH & Co. KG, Stuttgart
ISBN 978-3-15-014018-5

Auch als E-Book erhältlich

www.reclam.de

TRAITÉ
SUR
LA TOLÉRANCE,
A l'occaſion de la mort de Jean Calas.

CHAPITRE PREMIER.

Hiſtoire abrégée de la mort de Jean Calas.

LE meurtre de *Calas*, commis dans Toulouſe avec le glaive de la Juſtice, le 9me Mars 1762, eſt un des plus ſinguliers événements qui méritent l'attention de notre âge & de la poſtérité. On oublie bientôt cette ſoule de morts qui a péri dans des batailles ſans nombre, non-ſeulement parce que c'eſt la fatalité inévitable de la guerre, mais parce que ceux qui meurent par le ſort des armes, pouvaient auſſi donner la mort à leurs ennemis, & n'ont point péri ſans ſe défendre. Là où le danger & l'avantage ſont égaux, l'étonnement ceſſe, & la pitié même s'affai-

A

Der Beginn des Textes in der Erstausgabe von 1763

KAPITEL I

Der Tod des Jean Calas. Kurze Darstellung des Falles

Der Mord an Calas, begangen zu Toulouse mit dem Schwerte der Justiz am 9. März 1762, ist eines der eigentümlichsten Ereignisse, welche die Aufmerksamkeit unseres Zeitalters und auch die der Nachwelt verdienen. Die Scharen von Menschen, die auf den Schlachtfeldern fallen, vergisst man rasch – erstens, weil dies zum Schicksal im Kriege unvermeidlich dazugehört; zweitens, weil jene, die durch die Fügung der Waffen umkamen, ja auch ihren Feinden den Tod hätten bringen können, und sie sind nicht gefallen, ohne sich zu verteidigen. Wo Gefahr und Vorteil sich die Waage halten, endet die Erstauntheit, und sogar das Mitleid schwächt sich ab. Aber wenn ein unschuldiger Familienvater in die Hände des Irrtums, der Leidenschaft oder des Fanatismus gerät, wenn der Angeklagte keinen anderen Verteidiger hat als seine Tugend; wenn die Schiedsrichter über sein Leben, sollten sie ihn niedermachen, nicht mehr riskieren, als dass sie sich eben geirrt haben; wenn sie ungestraft töten dürfen durch ein Urteil, dann erhebt sich der öffentliche Schrei, jeder bangt um sich selbst; man sieht, dass vor einem Tribunal, das errichtet wurde, um über das Leben der Bürger zu wachen, niemand seines Lebens sicher ist, und alle Stimmen vereinen sich zu einem Ruf nach Vergeltung.

Es ging in dieser seltsamen Affäre um Religion, um Freitod, um Verwandtenmord; es ging um die Frage: haben hier ein Vater und eine Mutter ihren Sohn erwürgt, weil sie

Gott gefallen wollten? Hat ein Bruder seinen Bruder erwürgt? Hat ein Freund seinen Freund erwürgt? Müssen sich die Richter etwa vorwerfen, dass sie einen unschuldigen Vater aufs Rad schickten, dafür aber eine schuldige Mutter, einen schuldigen Bruder und einen schuldigen Freund ungestraft davonkommen ließen?

Jean Calas, damals achtundsechzig, lebte seit über vierzig Jahren als Händler in Toulouse und galt bei allen, die ihn näher kannten, als ein guter Vater. Er war Protestant, auch seine Frau und all seine Kinder hingen dieser Konfession an, außer einem Sohn; dieser hatte der Häresie abgeschworen, der Vater zahlte ihm dennoch eine kleine Unterhaltsrente. Es gab Zeichen genug, wie weit entfernt er war von jenem absurden Fanatismus, der alle gesellschaftlichen Bande zerreißt: so wandte er gegen die Konversion seines Sohnes Louis Calas nichts ein und beschäftigte seit dreißig Jahren eine überzeugte und aktive Katholikin als Dienstmagd, die auch seine Kinder erzog.

Einer der Söhne des Jean Calas, Marc-Antoine, war ein Mensch, der viel las; er galt allgemein als ein unruhiger, melancholischer und heißsporniger Geist. Der junge Mann konnte im Handel nicht reüssieren, ja er scheiterte gleich zu Beginn, weil er für dieses Gewerbe nicht taugte. Advokat wiederum durfte er nicht werden; dazu hätte es eines Katholizitätszertifikats bedurft, und an das kam er nicht heran. So entschied er sich, seinem Leben ein Ende zu setzen, und ließ diese Absicht gegenüber einem seiner Freunde auch durchblicken. Er bestärkte sich selbst in seinem Entschluss, indem er alles studierte, was je über Selbstmord geschrieben worden war.

Eines Tages dann, nachdem er sein Geld im Spiel verloren hatte; wählte er diesen Tag für die Ausführung seines Vorhabens. Ein Freund der Familie und auch der seinige mit Namen Lavaisse, ein junger Mann von neunzehn Jahren, bekanntermaßen von aufrichtiger und sanfter Art, Sohn eines berühmten Toulouser Advokaten, war tags zuvor aus Bordeaux gekommen[1] und aß an diesem Abend zufällig bei den Calas. Der Vater, die Mutter, Marc-Antoine, ihr ältester, und Pierre, ihr zweiter Sohn, speisten zusammen. Nach Tisch zog man sich in einen kleinen Salon zurück. Marc-Antoine verließ die Runde; schließlich wollte der junge Lavaisse gehen, und nachdem er und Pierre Calas die Treppe hinabgestiegen waren, fanden sie unten neben dem Laden Marc-Antoine im Hemd an einer Tür erhängt; sein Anzug lag gefaltet auf der Theke. Das Hemd war in keiner Weise derangiert, die Haare waren ordentlich gekämmt; an seinem Körper hatte er keine Wunde, keine blauen Flecken.[2]

Wir übergehen hier all die Details, welche die Anwälte schon genügend wiedergegeben haben; wir schildern nicht den Schmerz und die Verzweiflung des Vaters und der Mutter; die Nachbarn haben ihre Schreie gehört. Lavaisse und Pierre Calas, ganz außer sich, rannten los, um Ärzte und die Polizei zu holen.

Während sie so ihre Pflicht erfüllten, während Vater und Mutter aus dem Weinen und Schluchzen nicht herauskamen, versammelte sich das Volk von Toulouse um das Haus. Dieses Volk ist ungezügelt abergläubisch und gereizt; ihre Brüder, die nicht derselben Religion angehören wie sie, sind für jene Leute Ungeheuer. In Toulouse dankte man Gott feierlich für den Tod Heinrichs III.; in Toulouse schwor man, dass der Erste, der vorschlage, den großen, guten König Heinrich IV. anzuerkennen, mit seinem Leben bezahlen werde. Diese Stadt feiert immer noch jedes Jahr mit einer Prozession und Freudenfeuern den Tag, an dem sie vor zweihundert Jahren viertausend häretische Bürger massakrierte. Sechs Verfügungen hat die Stadt gegen dieses abscheuliche Fest erlassen, doch vergeblich: die Toulouser feierten sie einfach weiter wie Blumenspiele.

Irgendein Fanatiker aus dem Pöbel schrie, Jean Calas selbst habe seinen Sohn Marc-Antoine erhängt. Andere schrien es ihm nach, und binnen eines Augenblicks wurde es einhellige Meinung. Weitere Vorwürfe traten hinzu: morgen habe der Getötete seiner Konfession abschwören wollen; seine Familie und der junge Lavaisse hätten ihn aus Hass gegen die katholische Religion erwürgt; ein Augenblick – und niemand zweifelte mehr; die ganze Stadt war überzeugt, es sei ein Glaubensprinzip bei den Protestanten, dass Eltern einen Sohn umbringen müssten, sobald dieser die Absicht äußere zu konvertieren.

Sind die Gemüter erst einmal in Wallung, gibt es für sie kein Halten. Man phantasierte sich zurecht: Am Vortag hätten sich die Protestanten des Languedoc versammelt und mehrheitlich einen Henker ihrer Sekte bestimmt; die Wahl sei auf Lavaisse gefallen; der junge Mann habe binnen vierundzwanzig Stunden von seiner Wahl erfahren und sei aus Bordeaux nach Toulouse gekommen, und dort sollte er nun Jean Calas, seiner Frau und beider Sohn Pierre helfen, einen Freund, einen Sohn und einen Bruder zu erwürgen.

Einen Herrn David, Ratsherr von Toulouse, erregten diese Gerüchte; er wollte sich durch promptes Handeln profilieren, agierte dabei aber gegen Regel und Recht. Die

Familie Calas, die katholische Dienerin und Lavaisse wurden in Ketten gelegt.

Man veröffentlichte ein Monitorium, das ebenso unkorrekt war wie Davids Verfahren. Man ging noch weiter. Marc-Antoine Calas war als Calvinist gestorben, und wäre man davon ausgegangen, dass er wirklich Hand an sich gelegt hatte, so hätte er über den Erdboden aus der Stadt hinausgeschleift und draußen verscharrt werden müssen. Stattdessen setzte man ihn mit dem größten Pomp in der Kirche Saint-Etienne bei; vergebens protestierte der Pfarrer gegen diese Profanierung.

Es gibt im Languedoc vier Kongregationen religiöser Bußbrüder, auch Pönitenten genannt: die weiße, die blaue, die graue und die schwarze. Die Konfratres tragen eine lange Kapuzenkutte, dazu eine Stoffmaske mit zwei Löchern für die Augen darin. Sie haben einmal den Herzog Fitz-James, den Truppenkommandeur des Languedoc, ersucht, ihnen beizutreten, was dieser jedoch ablehnte. Die weißen Pönitenten veranstalteten für Marc-Antoine Calas eine weihevolle Messe wie für einen Märtyrer. Nie hat je eine Kirche einen wirklichen Märtyrer mit mehr Pomp gefeiert, aber dieser Pomp war grässlich. Auf einen prächtigen Katafalk hatte man ein Skelett postiert, das man Bewegungen machen ließ und das Marc-Antoine Calas darstellte. In der einen Hand hielt das Gerippe einen Palmzweig und in der anderen die Feder, mit der er seine Abkehr von der Häresie unterzeichnet hätte. Tatsächlich aber schrieb diese Feder das Todesurteil für seinen Vater.

Nun fehlte dem Unglücklichen, der Hand an sich gelegt hatte, nur noch die Kanonisation. Das ganze Volk betrachtete ihn als einen Heiligen; einige riefen ihn an; andere beteten an seinem Grab; andere baten ihn um Wunder; andere erzählten jene, die er schon vollbracht hatte. Ein Mönch zog ihm ein paar Zähne, um dauerhafte Reliquien zu besitzen. Eine fromme Frau, die an leichter Taubheit litt, sagte, sie habe wieder klar und deutlich die Glocken läuten gehört. Ein apoplektischer Priester fand sich geheilt, nachdem er ein Brechmittel eingenommen hatte. Man begann, die Wunder zu protokollieren. Der Schreiber dieser Zeilen besitzt eine schriftliche Aussage über folgenden Vorgang: Ein junger Toulouser betete mehrere Nächte hindurch am Grab des neuen Heiligen und bat um ein Wunder, das aber ausblieb; daraufhin wurde der Mann verrückt.

Einige Mitglieder des Magistrats gehörten der weißen Bußbrüderschaft an. Damit stand der Tod des Jean Calas so gut wie fest.

Was sein gewaltsames Ende besonders beförderte, war die zeitliche Nähe jenes seltsamen Festes, das die Toulouser jedes Jahr begehen und mit dem sie feiern, dass in ihrer Stadt einmal viertausend Hugenotten massakriert wurden. Im Jahre 1762 zelebrierte man nun das zweihundertste Jubiläum dieses Ereignisses. Die Vorbereitungen dieser Feierlichkeit liefen bereits; sie fachten die schon erhitzte Phantasie des Volkes noch mehr an. Man sagte öffentlich, das Schafott, auf dem die Calas' gerädert werden sollten, sei die größte Zierde des Festes; man sagte, die Vorsehung selbst habe diese Delinquenten beschert, damit sie unserer heiligen Religion geopfert werden könnten. Zwanzig Personen haben diese Reden gehört, und noch ärgere. Und das in unseren Tagen! Und das zu einer Zeit, da die Philosophie solche Fortschritte gemacht hat! Und das, wo doch hundert Akademien schreiben, um für sanftere

Sitten zu werben! Es scheint, als würde der Fanatismus, außer sich über die Erfolge der Vernunft in letzter Zeit, nun mit noch mehr Wut gegen sie anrennen.

Dreizehn Richter versammelten sich täglich, um den Prozess zu einem Ende zu bringen. Man hatte keinen Beweis gegen die Familie; man konnte keinen haben; aber die untreulich gebrauchte Religion ersetzte den Beweis. Sechs Richter beharrten lange Zeit darauf, man solle Jean Calas, seinen Sohn und Lavaisse zum Rädern verurteilen und Jean Calas' Frau zum Scheiterhaufen. Die sieben anderen waren moderater und verlangten wenigstens, dass man eine Untersuchung führe. Die Debatten wiederholten ständig dieselben Argumente und dauerten. Einer der Richter, überzeugt von der Unschuld der Angeklagten und von der Unmöglichkeit des Verbrechens, sprach energisch zu ihren Gunsten; er stellte dem Eifer der Härte den Eifer der Menschlichkeit entgegen. Er wurde der öffentliche Anwalt der Calas' in allen Häusern von Toulouse, wo das unaufhörliche Geschrei der missbrauchten Religion das Blut dieser Unglücklichen forderte. Ein anderer Richter, dessen Heftigkeit notorisch war, redete in der Stadt mit genauso viel Zorn gegen die Calas', wie der Ebengenannte Beflissenheit zeigte, sie zu verteidigen. Die Erregung wurde so groß, dass beiden nichts blieb, als sich gegenseitig als Rechtsprecher abzulehnen und aus der Runde auszuscheiden; sie zogen sich aufs Land zurück.

Aber durch ein seltsames Unglück war der den Calas' wohlgesonnene Richter so anständig, sich an seinen Stimmverzicht zu halten; der andere jedoch kam zurück und gab sein Votum ab gegen jene, über die er eigentlich gar nicht richten durfte. Genau dieses gab den Ausschlag zur Verurteilung zum Rad, denn das Stimmenverhältnis betrug jetzt acht zu fünf – einer der sechs Richter der Gegenseite war nach vielen Streitereien zur entschiedenen Härtepartei übergegangen.

Man möchte meinen, dass, wenn es um Verwandtenmord geht und darum, ob man einen Familienvater der abscheulichsten Exekutionsart ausliefern will, das Urteil einstimmig zu sein habe, weil die Beweise für solch ein unerhörtes Verbrechen[3] eine jedermann einsichtige Evidenz besitzen sollten. Der geringste Zweifel muss in einem solchen Fall genügen, um einem Richter, der ein Todesurteil zu unterzeichnen sich anschickt, die Hand zittern zu lassen. Die Schwäche unserer Vernunft und die Unzulänglichkeit unserer Gesetze zeigen sich täglich, aber wann offenbart sich einem dieses Elend deutlicher als dann, wenn der Vorsprung von einer Stimme einen Menschen zum Schafott verdammt? In Athen brauchte es fünfzig Stimmen über die Hälfte, ehe man ein Todesurteil zu fällen wagte. Was lehrt uns dies? Etwas, das wir wissen, ohne daraus zu lernen: dass die Griechen weiser und menschlicher waren als wir.

Jean Calas, ein alter Mann von achtundsechzig Jahren, der seit Langem unter geschwollenen und schwachen Beinen litt, konnte eindeutig keinesfalls einen außergewöhnlich kräftigen Sohn von achtundzwanzig Jahren erwürgt und aufgehängt haben, jedenfalls nicht allein; bei dieser Hinrichtung hätten ihm unbedingt seine Frau, sein Sohn Pierre Calas, Lavaisse und die Dienerin helfen müssen. Die Genannten hatten einander an dem Abend, da der fatale Vorfall passierte, nicht einen Augenblick verlassen. Aber die zweite Vermutung war ebenso absurd wie die erste:

Wie hätte eine leidenschaftlich katholische Dienerin hinnehmen können, dass Hugenotten einen jungen Mann, den sie erzogen hatte, ermordeten, um ihn dafür zu bestrafen, dass er die Religion ebenjener Dienerin liebte? Wie lässt sich denken, Lavaisse sei eigens aus Bordeaux gekommen, um seinen Freund zu erwürgen, von dessen behaupteter Konversionsabsicht er gar nichts wusste? Wie hätte eine zärtliche Mutter Hand an ihren Sohn legen können? Wie wären sie alle gemeinsam imstande gewesen, einen jungen Mann zu erdrosseln, der so stark war wie sie alle zusammen, ohne einen langen und heftigen Kampf, ohne furchtbares Geschrei, das die ganze Nachbarschaft alarmiert hätte, ohne wiederholte Schläge, ohne Blessuren, ohne Risse in der Kleidung?

Es war evident, dass, wenn man davon ausging, der Mord sei möglich gewesen, alle Angeklagten gleichermaßen schuldig gesprochen werden mussten, denn sie waren die ganze Zeit zusammen. Es war evident, dass sie die Tat nicht begangen haben konnten. Es war evident, dass der Vater allein sie auch nicht hätte vollbringen können. Und doch verurteilte man allein diesen Vater aufs Rad.

Der Hintergrund dieses Urteils ließ einen ebenso fassungslos zurück wie alles Übrige. Die Richter, die unbedingt die Hinrichtung des Jean Calas wollten, überredeten die anderen mit dem Argument, der schwache Greis werde den Martern während der Exekution nicht standhalten und bestimmt unter den Schlägen der Henker sein und seiner Komplizen Verbrechen gestehen. Sie waren bestürzt, als ebenjener Greis, während er auf dem Rad starb, Gott als Zeugen seiner Unschuld anrief und ihn beschwor, seinen Richtern zu vergeben.

Sie sahen sich gezwungen, ein zweites Urteil zu fällen, das dem ersten widersprach: Die Mutter, der Sohn Pierre, der junge Lavaisse und die Dienerin seien freizulassen. Aber einer der Räte machte ihnen klar, dass dieses Urteil das erste negierte und sie so über sich selbst den Stab brächen: Da alle Angeklagten zur vermuteten Tatzeit ununterbrochen beisammen gewesen seien, bewiese die Freilassung aller Überlebenden zwingend die Unschuld des hingerichteten Familienvaters. Also entschied man, den Sohn Pierre Calas des Landes zu verweisen. Diese Verbannung musste jedoch ebenso inkonsequent, ebenso absurd wirken wie alles Bisherige: Entweder war Pierre Calas an dem Verwandtenmord beteiligt oder nicht. War er es, verdiente er den Tod auf dem Rad wie sein Vater; war er es nicht, verdiente er keine Verbannung. Aber die Richter, betroffen vom leidensvollen Ende des Vaters und von der rührenden Frömmigkeit, mit der er gestorben war, vermeinten, sie retteten ihre Ehre, indem sie glauben machten, dass sie dem Sohn Gnade erwiesen. Als ob dieser Gnadenerweis nicht eine neuerliche Amtsverletzung gewesen wäre. Und sie glaubten, die Verbannung dieses jungen Mannes, der arm und hilflos dastand, habe keine schlimmen Folgen und sei keine große Ungerechtigkeit nach der, die sie leider begangen hatten.

Man begann, Pierre Calas in seinem Kerker zu drohen, man werde ihn wie seinen Vater behandeln, wenn er nicht seiner Religion abschwöre. Dies hat der junge Mann schriftlich und mit Eid bezeugt.[4]

Als Pierre Calas die Stadt verlassen wollte, begegnete er einem Abbé, der auf Bekehrungen spezialisiert war und ihn zurück nach Toulouse führte. Dort sperrte man ihn in ein

Dominikanerkloster, wo man ihn zwang, alle Regeln der Katholizität zu erfüllen. Auf diese Wendung hatte man teilweise bewusst hingearbeitet. Es war der Preis für das Blut seines Vaters, und die Religion, die man geglaubt hatte, rächen zu müssen, schien befriedigt.

Der Mutter nahm man ihre Töchter fort; sie wurden in ein Kloster gesteckt. Diese Frau, fast bespritzt vom Blut ihres Gatten, die ihren toten Ältesten in den Armen gehalten hatte, den anderen verbannt wusste, ihrer Töchter beraubt und ihres gesamten Besitzes enteignet, stand nun allein da auf der Welt, ohne Brot, ohne Hoffnung, und starb dahin in ihrem maßlosen Elend. Mehrere Personen, die alle näheren Umstände dieses schrecklichen Ereignisses reiflich geprüft hatten, waren darüber so bestürzt, dass sie Madame Calas, die sich an einen einsamen Ort zurückgezogen hatte, drängten, sich an den Thron zu wenden und dort um Gerechtigkeit zu bitten. Sie konnte sich kaum aufrecht halten und wirkte hinfällig. Zudem jagte der geborenen Engländerin, die es frühzeitig in eine französische Provinz verschlagen hatte, der bloße Name der Stadt Paris Schauder ein. Die Hauptstadt des Königreichs, so vermeinte sie, müsse noch barbarischer sein als die des Languedoc. Schließlich aber siegte die Pflicht, das Andenken ihres Mannes geradezurücken, über ihre Schwäche. Sie war kaum noch recht lebendig, als sie in Paris ankam. Dort fand sie, zu ihrem Erstaunen, freundliche Aufnahme, Hilfe und Tränen.

In Paris hat die Vernunft die Oberhand über den Fanatismus, so stark er auch sein mag, während in der Provinz der Fanatismus fast immer die Oberhand über die Vernunft besitzt.

Herr de Beaumont, berühmter Advokat des Pariser Parlaments, übernahm als Erster ihre Verteidigung und erstellte ein Gutachten, das von fünfzehn anderen Advokaten mitunterzeichnet wurde. Herr Loiseau verfasste mit nicht geringerer Eloquenz eine Denkschrift zugunsten der Familie. Herr Mariette, Advokat am Stadtrat, setzte ein juristisches Gesuch auf, das allgemein überzeugte.

Die drei hochherzigen Verteidiger der Gesetze und der Unschuld überließen der Witwe die Erträge der Buchausgaben ihrer Plädoyers.[5] Paris und ganz Europa zeigten sich vor Mitleid erschüttert und forderten Gerechtigkeit gegenüber der unglücklichen Frau. Das Urteil war von der gesamten Öffentlichkeit längst gesprochen, bevor der Pariser Stadtrat es unterzeichnen konnte.

Trotz des ständigen Sturzbachs von Angelegenheiten, der ein solches Gefühl meist gar nicht zulässt, drang dieses Mitleid bis zu ihm durch. Auch führt das ständige Wahrnehmen von Unglücklichen zur Gewöhnung und kann das Herz zusätzlich verhärten. Hier aber ließ man sich rühren. Die Mutter bekam ihre Kinder zurück. Man sah sie alle drei mit Trauerflor bedeckt und tränenüberströmt, und nach einer Weile weinten auch ihre Richter.

Und doch hatte diese Familie immer noch einige Feinde; schließlich ging es um Religion. Mehrere Personen – Angehörige einer Gruppe, die man in Frankreich *les dévots* nennt, die Devoten[6] – sagten laut, es sei besser, einen alten Calvinisten zu rädern, als acht Räte des Languedoc bloßzustellen, indem man sie zu dem Eingeständnis trieb, dass sie sich geirrt hatten. Man bediente sich sogar der Formulierung: »Es gibt mehr Magistrate als Calasse«; und dies sollte heißen, man müsse die Familie Calas der Ehre der Magistratur opfern. Die das äußerten, kamen gar nicht auf die Idee, dass die Ehre der Richter – wie die der anderen Menschen auch – darin besteht, ihre Fehler wiedergutzumachen. Man glaubt in Frankreich nicht, dass der Papst, der sich mit seinen Kardinälen berät, unfehlbar sei; dann möchte man doch meinen, dass acht Richter in Toulouse es ebenso wenig sind. Die übrigen Leute, soweit verständig und objektiv, sagten, dass das Urteil in ganz Europa für null und nichtig erklärt würde, selbst wenn die Obrigkeit sich zu besonderen Rücksichtnahmen verpflichtet sehe wie jene, die den Rat von Paris hinderten, das Verdikt zu kassieren.

So war der Stand der Dinge in dieser seltsamen Affäre, als ebendiese ein paar unparteiischen, aber empfindsamen Leuten die Absicht eingab, der Öffentlichkeit ein paar Reflexionen über Toleranz, Milde und Erbarmen zu präsentieren. Da konnte Abbé Houtteville in seiner schwülstigen und tatsachenwidrigen Deklamation noch so dagegen wettern und das Mitleid ein »monströses Dogma« nennen – die Vernunft nennt es doch *Erbgabe der Natur.*

Entweder haben die Richter von Toulouse, mitgerissen vom Fanatismus des Pöbels, einen unschuldigen Familienvater rädern lassen – ein Vorgang ohne Beispiel; oder jener Familienvater und seine Frau haben, unter Mitwirkung eines zweiten Sohnes und eines Freundes, diesen Verwandtenmord begangen, ihren ältesten Sohn erwürgt – ein Vorgang wider die Natur. In beiden Fällen hätte der Missbrauch der allerheiligsten Religion zu einem gewaltigen Verbrechen geführt. Es liegt also im Interesse der Menschheit zu prüfen, was die Religion praktizieren sollte: Milde oder Barbarei.

KAPITEL II

Folgerungen aus der Hinrichtung des Jean Calas

Wenn die weißen Bußbrüder die Ursache zur Exekution eines Unschuldigen, zum totalen Ruin und zum Auseinanderreißen waren, wenn hier nicht allein die Ungerechtigkeit, sondern eine Hinrichtung Anlass zu Schmach und Schande gibt; wenn die Eilfertigkeit, mit der jene weißen Bußbrüder jemanden, der laut unseren barbarischen Gebräuchen durch den Dreck hätte geschleift werden müssen, wie einen Heiligen feierten, einen ehrsamen Familienvater aufs Rad brachten – dann sollten jene Bußbrüder tatsächlich Buße tun, und zwar für den Rest ihres Lebens; sie und die Richter sollten weinen, aber nicht in langen weißen Kutten und mit einer Maske vorm Gesicht, die ihre Tränen verbirgt.

Den Bruderschaften tritt man allgemein mit Achtung entgegen; sie sorgen für Erbauung; aber welchen großen Nutzen sie dem Staat auch bereiten können – wiegt dieser das abscheuliche Übel auf, das sie verursacht haben? Sie scheinen durch den Glaubenseifer begründet worden zu sein, der im Languedoc die Katholiken gegen jene beseelt, die wir *Hugenotten* nennen. Offenbar haben da welche geschworen, ihre Brüder zu hassen; wir haben genug Religion, um zu hassen und zu verfolgen, aber nicht genug, um zu lieben und zu helfen. Was, wenn an der Spitze dieser Kongregationen Schwärmer stünden, wie früher bei bestimmten Vereinigungen von Handwerkern oder auch *Herrschaften*, welche die Gewohnheit, Visionen zu erleben, zu einer Kunst gemacht und in ein System gebracht haben, wie einer unsere beredsamsten und kenntnisreichsten Magistrate sagt? Was, wenn man in den Bruderschaften gewisse dunkle Räume anlegt, genannt *Meditationskammern*, auf deren Wände Teufel mit Hörnern und Krallen gemalt sind, dazu flammende Schlünde, Kreuze und Dolche, und über das Bild der heilige Name Jesu? Welch ein Schauspiel für ohnehin schon betörte Augen und für die Phantasien jener, die ebenso entflammt wie ihren Führern gefügig sind!

Es gab Zeiten – dies ist uns nur zu bekannt –, da die Bruderschaften gefährlich waren. Fratrizellen und Flagellanten etwa haben für gehörige Unruhe gesorgt. Die Heilige Liga ging aus solchen Vereinigungen hervor. Warum wollte man sich dergestalt von den anderen Bürgern unterscheiden? Wähnte man sich vollkommener? Das allein schon wäre eine Beleidung dem Rest der Nation gegenüber. Wollte man etwa, dass alle Christen in die Bruderschaft eintraten? Das ergäbe ein tolles Schauspiel: das gesamte Europa im Kapuzenmantel und hinter Masken mit zwei kleinen runden Löchern vor den Augen! Meint man ernsthaft, Gott sei ein solcher Aufzug lieber als normaler Justaucorps? Und damit längst kein Ende der Bedenklichkeiten: dieser Habit ist die Uniform der Kontroversisten, die ihre Gegner auffordert, sich zu bewaffnen; sie kann eine Art Bürgerkrieg in den Köpfen entfachen, und der mündete vielleicht in schlimme Ausschreitungen – wenn der König und seine Minister nicht so weise wären, wie die Fanatiker verrückt sind.

Wir wissen zur Genüge, welchen Preis sie gefordert haben, die Streitigkeiten zwischen Christen über Dogmen: Blut ist geflossen, auf den Schafotten wie auf den Schlachtfeldern, vom vierten Jahrhundert an bis in unsere Zeit. Beschränken wir uns hier auf die Kriege und die sonstigen Schrecken, welche die Zwistigkeiten um die Reformation auslösten und was deren Quelle in Frankreich war. Vielleicht kann eine kurze und getreue Schilderung dieses ganzen Unheils einigen Menschen, die nicht genau Bescheid wissen, die Augen öffnen und gutgesinnte Herzen rühren.

KAPITEL III

Der Reformgedanke im 16. Jahrhundert

Als mit der Wiedergeburt der Wissenschaften die Geister sich zu erhellen begannen, beschwerte man sich allgemein über Missbräuche; jeder muss zugeben, dass diese Klage berechtigt war.

Papst Alexander VI. hatte die Tiara öffentlich gekauft, und seine fünf Bastarde teilten sich, was sie einbrachte. Sein Sohn, der Kardinalherzog von Borgia, ließ mit dem Einverständnis des päpstlichen Vaters eine Reihe hochgestellter Persönlichkeiten eines gewaltsamen Todes sterben, um ihre Herrschaftsbereiche an sich zu reißen, darunter Vitelli, Urbino, Gravina, Oliverotto und noch hundert andere mehr. Julius II., vom gleichen Geist beseelt, exkommunizierte Ludwig XII. und überließ dessen Gebiete dem nächstbesten Okkupanten. Und er selber, Helm auf dem Kopf und Panzer vor der Brust, verwüstete mit Flamme und Schwert einen Teil Italiens. Leo X. verschacherte Ablassbriefe, wie andere Leute Lebensmittel auf einem öffentlichen Markt verkaufen; damit finanzierte er seine Vergnügungen. Jene, die gegen so viel Räuberei aufbegehrten, hatten zumindest hinsichtlich der Moral nicht unrecht. Sehen wir nun, ob sie hinsichtlich der Politik gegen uns recht hatten.

Sie machten geltend, dass Jesus Christus nie Annaten oder Reservation verlangt und weder Dispensationen für diese noch Ablässe für die andere Welt verkauft habe; also bestehe keine Notwendigkeit, einem ausländischen Fürsten all diese Dinge zu bezahlen. Nehmen wir an, die Annaten, die Prozesse am römischen Gerichtshof sowie die Dispensationen – was es ja alles bis zum heutigen Tage gibt – kosteten uns jährlich nur 500 000 Francs, so haben wir seit den Zeiten Franz' I. innerhalb von 250 Jahren 125 Millionen bezahlt; berücksichtigt man den geänderten Preis der Silbermark, beträgt diese Summe nach jetzigem Geld etwa 250 Millionen. Man kann also ohne Blasphemie einräumen, dass die Häretiker, als sie die Streichung dieser merkwürdigen Abgaben, über welche die Nachwelt sich wundern wird, vorschlugen, dadurch dem Reich keinen Schaden zuzufügen gedachten, und dass sie eher gute Rechner denn schlechte Untertanen waren. Hinzu kommt noch, dass allein sie Griechisch konnten und sich in der Antike auskannten. Bestreiten wir nicht, dass wir, trotz ihrer Irrtümer, ihnen die Entwicklung des menschlichen Geistes verdanken, der lange Zeit unter einer sehr dicken Schicht Barbarei gelegen hatte.

Aber sie leugneten das Fegefeuer, an dem man nicht zweifeln darf und das obendrein den Mönchen eine Menge einbrachte. Ebenso wenig verehrten sie die Reliquien, die man jedoch verehren muss und die den Mönchen noch mehr einbrachten. Weil sie also höchst respektierte Dogmen attackierten,[7] antwortete man ihnen gleich zu Beginn bloß dadurch, dass man sie verbrennen ließ. In Deutschland beschützte der König sie und nahm sie in Lohn und Brot. Anders in Frankreich: Da ging der König an der Spitze einer Prozession, nach der man mehrere dieser Unglücklichen hinrichtete. Und diese Exekution ging so: Man steckte einen langen Balken horizontal durch einen Baum, so dass eine Art große Wippe entstand, und an einem Ende der Bohle befestigte man die Delinquenten; unter ihnen entzündete man ein Feuer, tauchte sie hinein und zog sie wieder hoch, eins ums andere Mal. Sie verspürten die Qualen des Sterbens stufenweise, bis sie endlich ihr Leben aushauchten, gepeinigt durch die längste und scheußlichste Marter, welche die Barbarei jemals erfunden hat.

Kurz vor dem Tode Franz' I. beschlossen einige Mitglieder des Parlaments der Provence, von den Geistlichen angestachelt, gegen die Einwohner von Mérindol und Cabrières vorzugehen. Sie baten den König um Truppen; diese sollten die Hinrichtung von neunzehn Personen absichern, die in jener Region, über die sie die Verdammnis verhängt hatten, beheimatet waren. Die Truppen kamen und metzelten sechstausend, und sie schonten dabei weder Frau noch Greis noch Kind. Dreißig Ortschaften legten sie in Schutt und Asche. Jene Leute, von denen zuvor kaum jemand wusste, hatten sich zweifellos schuldig gemacht; sie waren nämlich als Waldenser geboren; darin lag allerdings ihr einziges Vergehen. Sie siedelten seit dreihundert Jahren in Wüsteneien und auf Gebirgen, die sie mit unglaublichem Fleiß in fruchtbare Landschaften verwandelten. Ihr stilles Hirtenleben gemahnte an die Unverdorbenheit, die man den ersten Zeitaltern der Welt nachsagt. Die benachbarten Städte kannten sie nur flüchtig, weil sie hin und wieder dort ihre Früchte verkauften. Weder Prozesse noch Krieg waren ihnen geläufig. Sie wehrten sich nicht. Man tötete sie wie flüchtende Tiere, die man in einem Gehege stellt.[8]

Nach dem Tod Franz' I. – eines Fürsten, der allgemein bekannt ist für seine Galanterien und seine Missgeschicke, von seinen Grausamkeiten weiß man weniger – geschah einiges, das die Gegenseite zu den Waffen greifen ließ:

darunter die Hinrichtung von tausend Häretikern, namentlich die des Parlamentsrats Dubourg, dann das Massaker von Wassy. Das Flackern der Scheiterhaufen und der Stahl der Henker hatte der Sekte erheblichen Zulauf beschert. Nun trat der Zorn an die Stelle der Geduld: Die Verfolgten ahmten die Grausamkeiten ihrer Feinde nach. Neun Bürgerkriege erfüllten Frankreich mit Gemetzeln; dann führte ein Frieden, der noch verhängnisvoller war als der Krieg, zur Bartholomäusnacht, einem in den Annalen des Verbrechens beispielloses Ereignis.

Die Heilige Liga ermordete Heinrich III. und Heinrich IV.; in dem einen Fall war ein Dominikanermönch der Täter, im anderen ein ungeheuerlicher ehemaliger Feuillant. Es gibt Leute, die halten Menschlichkeit, Milde und Gewissensfreiheit für ganz furchtbar; aber nun einmal ehrlich: Hätten diese wohl je solche Schrecknisse hervorgebracht?

KAPITEL IV

Ist Toleranz gefährlich? Und bei welchen Völkern besteht sie?

Es ist verschiedentlich behauptet worden, dass, wenn wir unseren irrenden Brüdern, die in schlechtem Französisch zu Gott beten, mit väterlicher Milde begegnen, dies hieße, ihnen Waffen in die Hände zu geben, und dann hätten wir bald neue Schlachten nach dem Muster Jarnac, Moncontour, Coutras, Dreux, Saint-Denis etc. Ich weiß nicht, ob das stimmt, denn ich bin kein Prophet; aber es scheint mir nicht schlüssig argumentiert, wenn man sagt: »Diese Leute haben aufbegehrt, als ich ihnen Übles tat – also werden sie auch aufbegehren, wenn ich ihnen Gutes tue.«

Ich möchte mir doch einmal die Freiheit nehmen, jene, die an der Spitze der Regierung stehen, und jene, die zu hohen Posten vorgesehen sind, zur reiflichen Prüfung zu ermutigen, ob man wahrhaft fürchten muss, dass Sanftheit dieselben Revolten erzeugt, die Grausamkeit hervorgebracht hat; ob, was unter bestimmten Umständen geschehen ist, auch unter anderen geschehen muss; ob die Zeiten, die Meinungen, die Sitten und Gebräuche immer dieselben bleiben.

Die Hugenotten waren einmal genauso vom Fanatismus berauscht wie wir und haben sich genauso mit Blut besudelt wie wir; aber ist denn die aktuelle Generation noch so barbarisch wie ihre Väter? Sind denn die gewandelte Zeit, die Vernunft, die so gewaltige Fortschritte macht, sind denn gute Bücher und die Mäßigung im gesellschaftlichen Umgang nicht zu denen vorgedrungen, die den Sinn jener Völker lenken? Bemerken wir denn nicht, dass sich das Antlitz fast ganz Europas seit etwa fünfzig Jahren geändert hat?

Die Regierung hat überall mehr Stärke erreicht, wo sich der gesellschaftliche Umgang milderte. Angesichts der Generalpolizei, die von zahlreichen immer noch existenten Armeen unterstützt wird, muss man auch nicht befürchten, dass die anarchischen Zeiten wiederkehren, da calvinistische Bauern gegen katholische Bauern kämpften, die man zwischen Saat und Ernte hastig eingezogen hatte.

Andere Zeiten, andere Sorgen. Es wäre heute absurd, die Sorbonne zu dezimieren, weil sie vor Jahrhunderten ein Ersuchen vorbrachte, die Jungfrau von Orléans zu verbrennen, weil sie erklärte, dass Heinrich III. kein Recht mehr habe zu regieren, weil sie ihn exkommunizierte, weil sie über den großen Heinrich IV. den Bann verhängte. Ebenso wenig wird man andere Körperschaften des Reichs verfolgen, die in den Zeiten der Raserei ähnliche Exzesse begingen; dies wäre nicht nur ungerecht, sondern ebenso wahnsinnig wie die Idee, heute alle Einwohner Marseilles zu purgieren, weil 1720 die Pest in der Stadt gewütet hatte.

Sollen wir wie die Truppen Karls V. Rom verwüsten und plündern, weil Sixtus V. 1585 allen Franzosen, die gegen ihren Souverän die Waffen erhoben, auf neun Jahre Ablass garantierte? Reicht es nicht, wenn wir Rom davon abhalten, sich je wieder zu solchen Exzessen hinreißen zu lassen?

Der Furor, den der dogmatische Geist und der Missbrauch einer fehlgedeuteten christlichen Religion eingeben, hat vielerorts Blut vergossen und Unheil bewirkt, in Deutschland, England und sogar in Holland ebenso sehr wie in Frankreich; heute jedoch verursacht die Verschiedenheit der Religionen in diesen Staaten keine Unruhe mehr: der Jude, der Katholik, der Griechisch-Orthodoxe, der Lutheraner, der Calvinist, der Anabaptist, der Sozinianer, der Mennonit, der Herrnhuter und noch viele andere leben in diesen Ländern wie Brüder zusammen und tragen alle gleichermaßen zum Wohle der Gesellschaft bei.

Man fürchtet in Holland nicht mehr, dass Streitereien, die ein Gomar[9] anfacht, einem Ratspensionär den Kopf kosten. Man fürchtet in London nicht mehr, dass Zwistigkeiten zwischen Presbyterianern und Episkopalen um eine Liturgie und ein Chorhemd das Blut eines Königs auf ein Schafott vergießen.[10] Das dichter bevölkerte und reichere Irland wird nie mehr sehen müssen, wie seine katholischen Bürger zwei Monate lang seine protestantischen Bürger opfern, was so geschah: Man begrub sie lebendig; man hängte Mütter an Galgen, die Töchter an deren Hals und schaute dann zu, wie sie gemeinsam verendeten; man öffnete schwangeren Frauen die Bäuche, riss die erst halb gebildete Leibesfrucht heraus und gab sie den Schweinen und Hunden zu fressen; man steckte einen Dolch in die gefesselten Hände von Gefangenen und führte ihre Arme dergestalt, dass der Stahl sich in die Brust ihrer Frauen, ihrer Väter, ihrer Mütter und ihrer Kinder bohrte, weil man sich einbildete, sie damit zu Verwandtenmördern zu machen – auf die Art, so glaubte man, könne man sie gleichzeitig vernichten und der Verdammnis überantworten. Dies berichtet uns Rapin-Thoyras, der als Offizier in Irland diese Ereignisse fast noch selbst miterlebt hatte. Dies berichten alle Annalen, alle Geschichten Englands – Handlungen, die zweifellos nie eine Nachahmung finden. Die Philosophie, allein die Philosophie, diese Schwester der Religion, hat die Hände entwaffnet, die der Aberglauben so lange mit Blut besudelt hatte, und der Menschengeist erwachte aus seinem Rausch und staunte über die Exzesse, zu denen ihn der Fanatismus hingerissen hatte.

Wir selbst haben in Frankreich eine wohlhabende Provinz, in der das Lutheranertum stärker ist als der Katholizismus. Die Universität des Elsass ist in den Händen der Lutheraner; sie besetzen einen Teil der städtischen Ämter. Niemals hat der kleinste Religionszwist die Ruhe dieser Provinz gestört, seit sie unseren Königen gehört. Warum? Man hat dort niemanden verfolgt. Trachtet nicht, die Herzen zu bedrängen, und alle Herzen werden euer sein.

Ich will gar nicht sagen, dass diejenigen, die anderer Religion sind als der Landesfürst, sich die Ämter und Ehrenposten mit jenen teilen sollen, die der herrschenden Religion angehören. In England können Katholiken nicht in den höheren öffentlichen Dienst gelangen; sie zahlen sogar die doppelte Steuer; ansonsten aber genießen sie alle Bürgerrechte.

Man hat einige französische Bischöfe verdächtigt, sie vermeinten, es gereiche ihnen weder zur Ehre noch zum Vorteil, in ihrer Diözese Calvinisten zu haben, und darin, wurde behauptet, liege das größte Hindernis für die Toleranz. Ich kann das nicht glauben. Das Corps der Bischöfe in Frankreich besteht aus Männern von Stand, und sie denken und handeln mit der Noblesse, die ihrer hohen Geburt würdig ist; sie sind mildtätig und großherzig; dies muss man ihnen gerechtigkeitshalber attestieren. Sie sollten eben nur einsehen, dass geflüchtete Andersgläubige im Ausland bestimmt nicht zum Katholizismus konvertieren werden; wenn sie aber zu ihren Pastoren zurückkehren dürfen, könnten sie durch deren Lehren erleuchtet und durch deren Beispiel beeindruckt werden. Sie zu konvertieren wäre eine Ehre, die Temporalien würden darunter nicht leiden: je mehr Bürger, desto mehr Einnahmen für die Prälaten, denen die Grundstücke gehören.

Ein Bischof von Ermland in Polen hatte einen Anabaptisten als Pächter und einen Sozinianer als Einnehmer; man legte ihm nahe, beide hinauszuwerfen und zu verfolgen – den einen, weil er nicht an die Konsubstantialität glaubte, den anderen, weil er seinen Sohn erst mit fünfzehn taufen ließ. Der Bischof antwortete, in der anderen Welt seien die zwei auf ewig verdammt; in dieser jedoch brauche er sie dringend.

Verlassen wir einmal unsere eigene kleine Sphäre und betrachten den restlichen Teil unseres Erdenballs. Der türkische Großherr regiert friedlich über zwanzig Völker verschiedener Religionen; zweihunderttausend Griechen leben sicher in Konstantinopel; der Mufti selbst ernennt den griechischen Patriarchen und stellt ihn dem Kaiser vor; man duldet auch einen lateinischen Patriarchen. Der Sultan ernennt die lateinischen Bischöfe einiger griechischer Inseln[11], und zwar mit der Formel: »Ich befehle ihn zum Bischof der Insel Chios, wo er handeln möge nach den alten Gebräuchen der Bewohner und ihrer eitlen Zeremonien.« Das Reich ist angefüllt mit zahllosen Konfessionen, so mit Jakobiten, Nestorianern, Monotheleten; daneben gibt es Kopten, Johanneschristen, Juden, Guebern, Banianen. Die türkischen Annalen verzeichnen keine Revolte, die eine dieser Religionen angestachelt hätte.

Oder geht nach Indien, nach Persien, in die Tatarei; dort findet ihr die gleiche Toleranz und die gleichen ruhigen Verhältnisse. Peter der Große ist allen Konfessionen in seinem riesigen Reich freundlich begegnet; Handel und Ackerbau haben davon profitiert, und der Staat hat keinen Augenblick dadurch Schaden genommen.

Die Regierung von China hat während der mehr als viertausend Jahre, über die wir Informationen besitzen, keine andere Religion gehabt als die der Noachiden, die schlichte Anbetung eines einzigen Gottes. Sie duldet jedoch den Aberglauben des Fo (oder Buddha) und den einer Vielzahl von Bonzen, die gefährlich werden könnten, wenn die Weisheit der Gerichte nicht stets Kontrolle über sie hielte.

Zugegeben, der große Kaiser Yong Zheng, vielleicht der weiseste und großmütigste Herrscher, der China jemals regierte, hat die Jesuiten vertrieben; aber dies geschah nicht, weil er intolerant gewesen wäre, sondern ganz im Gegenteil die Jesuiten es waren. Sie geben in ihren *Neugierigen Briefen* selbst die Worte wieder, die der gute Fürst zu ihnen sagte: »Ich weiß, dass eure Religion intolerant ist. Ich weiß, was ihr auf den Philippinen und in Japan tatet. Ihr habt meinen Vater betrogen; hoffet nicht, auch mich zu betrügen.« Wenn man die ganze Rede liest, die er an die Jesuiten richtete, muss man ihn für einen äußerst weisen und gutmütigen Menschen halten. Konnte er denn europäische Physiker bei sich belassen, die unter dem Vorwand, dem Hofe Thermometer und Dampfturbinen zu zeigen, schon einen blutsverwandten Prinzen zur Auflehnung angestachelt hatten? Und was hätte dieser Kaiser wohl gesagt, wenn er von unserer weiteren Geschichte gelesen, wenn er unsere Zeiten der Liga und der Pulververschwörung gekannt hätte?

Es wusste schon genug, wenn er von den ungehörigen Streitereien zwischen Jesuiten, Dominikanern, Kapuzinern und Säkularpriestern hörte, die vom anderen Ende der Welt in seine Länder gesandt wurden; sie kamen, um die Wahrheit zu predigen, und anathematisierten einander. Der Kaiser tat also nicht mehr, als fremde Unruhestifter heimzuschicken; aber mit welcher Güte schickte er sie heim! Welche Sorge trug er nicht um ihre Reise, wie bedachtsam stellte er sicher, dass sie unterwegs nicht beschimpft wurden! Noch ihre Verbannung selbst war ein Beispiel von Toleranz und Menschlichkeit.

Die Japaner[12] waren die tolerantesten aller Völker; zwölf Religionen hatten sich friedlich in ihrem Reich eingerichtet. Als die Jesuiten kamen, waren sie die dreizehnte. Aber sie wollten keine andere neben sich dulden, und das Ergebnis kennt man: Ein Bürgerkrieg, nicht weniger grässlich als der Krieg der Liga, verheerte jenes Land. Am Ende wurde die christliche Religion in Strömen von Blut ertränkt. Die Japaner verschlossen ihr Reich dem Rest der Welt; sie sahen in uns nur noch wilde Bestien, ähnlich jenen, von denen die Engländer ihre Insel gesäubert haben. Vergebens versuchte Minister Colbert, der wusste, dass wir die Japaner brauchen, die uns aber keineswegs brauchen, neue Handelsbeziehungen mit ihrem Reich aufzubauen; sie ließen sich von ihm nicht dazu bewegen.

So beweist unser ganzer Kontinent, dass man Intoleranz weder androhen noch ausüben soll.

Richten wir nun die Augen auf die andere Hemisphäre. Schauen wir nach Carolina, dessen Gesetzgeber der weise John Locke war. Nur sieben Familienväter waren dort nötig, um einen öffentlichen Kult zu etablieren, den das Gesetz genehmigte – eine Freiheit, die keinerlei Unordnung gestiftet hat. Wenn wir dieses Beispiel zitieren, dann aber nicht, um Frankreich zur Nachahmung zu ermuntern – da sei Gott davor! Wir haben es nur angeführt, um zu verdeutlichen, dass selbst eine exzessive Duldsamkeit, die so weit ging, wie Toleranz nur irgend gehen kann, nicht zu der leisesten Zwistigkeit geführt hat. Aber was für eine entstehende Kolonie sehr nützlich und sehr gut ist, eignet sich nicht für ein altes Königreich.

Was sollen wir über die *Primitives* sagen, denen man den Spottnamen *Quakers* gegeben hat? Ihre Gebräuche mochten lächerlich wirken, aber sie waren stets so tugendhaft und haben vergebens versucht, dem Rest der Menschheit den Frieden zu lehren. In Pennsylvania zählen sie hunderttausend; Zänkerei und Zwietracht kennt man nicht in dem glücklichen Vaterlande, das sie sich errichtet haben; und allein der Name ihrer Stadt Philadelphia erinnert die Menschen ständig daran, dass sie Brüder sind. Diese Leute gereichen den Völkern, die von Toleranz noch nichts wissen, zum Vorbild und zur Beschämung.

Die Toleranz hat, kurz gesagt, nie einen Bürgerkrieg ausgelöst; die Intoleranz hat die Erde mit Metzelei überzogen. Nun richtet zwischen den folgenden beiden Rivalinnen: der Mutter, die will, dass man ihren Sohn tötet, und der Mutter, die ihn loslässt, wenn sie damit erreicht, dass er lebt!

Ich rede hier nur vom Interesse der Völker; mit allem gebührenden Respekt vor der Theologie beziehe ich mich in dieser Schrift nur auf das physische und moralische Wohl der Gesellschaft. Ich bitte jeden unparteiischen Leser, diese Wahrheiten abzuwägen, zu berichtigen und zu erweitern. Aufmerksame Leser, die sich ihre Gedanken mitteilen, gehen immer weiter als der Verfasser.[13]

KAPITEL V

Wie und warum Toleranz gewährt werden sollte

Ich wage mir vorzustellen, dass ein aufgeklärter und edelmütiger Minister, ein menschlicher und weiser Prälat, ein Fürst, der weiß, dass es seinem Interesse entspricht, möglichst viele Untertanen zu haben, und sein Ruhm in deren Glück besteht, so gut ist und einen Blick auf diese unzulänglich gearbeitete und mangelhafte Schrift wirft; dann ersetzt er deren Defizite mit seinen eigenen Ideen und fragt sich: Was riskiere ich eigentlich, wenn das Land durch eine zusätzliche Zahl fleißiger Hände bestellt und verschönert wird, die Einkünfte steigen und der Staat noch mehr erblüht?

Deutschland wäre eine Wüstenei, bedeckt mit den Gebeinen von Katholiken, Protestanten, Reformierten, Anabaptisten, die einander ausgelöscht hätten, wenn nicht der Westfälische Frieden endlich die Gewissensfreiheit beschert hätte.

Wir haben Juden in Bordeaux, in Metz, im Elsass; wir haben Lutheraner, Molinisten, Jansenisten. Können wir nicht die Calvinisten zu ungefähr den gleichen Bedingungen dulden und im Zaum halten, wie die Katholiken in London toleriert werden? Je mehr Sekten es gibt, je weniger gefährlich ist jede einzelne. Ihre Vielfalt schwächt sie. Alle disziplinieren gerechte Gesetze, die tumultuöse Versammlungen, Beschimpfungen und Aufstände verbieten und die von der Exekutivgewalt durchgesetzt werden.

Wir wissen, dass mehrere Familienväter, die im Ausland große Vermögen angehäuft haben, bereit sind, in ihre Heimat zurückzukehren; sie verlangen nicht mehr als den Schutz des Naturrechts, die Gültigkeit ihrer Ehen, Garantie des Standes ihrer Kinder, das Recht, ihre Väter zu beerben, und die Freiheit ihrer Person. Sie fordern keine öffentlichen Gotteshäuser, kein Recht auf städtische Ämter oder Würden – all dies haben die Katholiken in vielen Ländern ja auch nicht, so in England. Es geht nicht mehr darum, einer Partei üppige Privilegien und sichere Posten zu geben, sondern ein friedliches Volk schlicht leben zu lassen, Edikte zu mildern, die vielleicht einmal notwendig waren, dies jetzt aber nicht mehr sind. Es steht uns nicht zu, dem Minister zu bedeuten, was er tun kann; wir flehen lediglich um Hilfe für die Unglücklichen.

Wie viele Mittel gibt es doch, sie uns nützlich zu machen und zu verhindern, dass sie je gefährlich werden! Die Klugheit des Ministers und des Staatsrats, gestützt auf Macht, werden ganz leicht jene Mittel finden, die andere Nationen bereits so erfolgreich anwenden.

Es gibt noch Fanatiker im calvinistischen Pöbel, aber mehr davon zweifelsohne im Pöbel der Konvulsionäre. Der Abschaum der Wahnsinnigen von Saint-Médard genießt keinerlei Achtung im Volke; das Gesindel der calvinistischen Propheten ist vernichtend geschlagen. Das große Mittel, die Zahl der Besessenen, sofern noch welche da sind, zu verringern, ist, die Heilung dieser Krankheit der Vernunft zu überlassen: Sie erleuchtet die Menschen langsam, aber sicher. Diese Vernunft ist sanft, sie ist human, sie macht milde, sie erstickt die Zwietracht, sie festigt die Tugend, sie macht, dass den Gesetzen gern gehorcht wird, was diese mehr stärkt als die Gewalt, die sie stützt. Und ist es etwa nichts, dass heutzutage alle Menschen lauteren Sinnes der Schwärmerei den Makel der Lächerlichkeit anheften? Diese Lächerlichkeit ist eine wirkmächtige Barriere gegen die Überdrehtheiten aller Sektierer. Die vergangenen Zeiten sind, als wären sie nie gewesen. Man muss immer ausgehen von dem Punkt, an dem man ist und von dem, den die Nationen erreicht haben.

Es gab eine Zeit, da man glaubte, gerichtlich einschreiten zu müssen, wenn jemand eine Lehre vertrat, die den Kategorien des Aristoteles, dem *horror vacui*, den Quidditäten oder dem Verhältnis zwischen Universalität und Partikularität zuwiderliefen. Wir haben in Europa mehr als hundert juristische Bände über die Hexerei und über die Methoden, falsche Hexen von echten zu unterscheiden. Die Exkommunikation von Heuschrecken und anderer der Ernte schädlicher Insekten war allgemein üblich; der Brauch besteht in manchen Ritualen fort; allgemein üblich aber ist er nicht mehr. Jetzt lässt man Aristoteles, die Hexen und die Heuschrecken zufrieden. Beispiele für solche schwerwiegenden und einstmals so bedeutsamen Unsinnigkeiten gibt es jede Menge; manchmal kommen neue auf, aber wenn sie eine Weile gewirkt haben und man ihrer überdrüssig ist, verschwinden sie wieder. Würde es heute jemandem einfallen zu sagen, er sei Karpokratianer oder Eutychianer, Monothelit, Monophysit, Nestorianer oder Manichäer etc. – ja, was geschähe dann? Man würde über ihn lachen wie über einen, der sich nach alter Mode mit Halskrause und Steppwams kleidete.

Die Nation begann schon so ganz allmählich die Augen zu öffnen, als die Jesuiten Le Tellier und Doucin die Bulle *Unigenitus* fabrizierten und nach Rom schickten. Sie glaubten, es herrschten noch jene Zeiten der Ignoranz, da die Völker ohne Prüfung die absurdesten Behauptungen akzeptierten. Sie wagten es, einen Satz zu verurteilen, der in allen Fällen und zu allen Zeiten eine allgemein gültige Wahrheit war und ist: »Die Furcht vor ungerechter Exkommunikation darf niemanden daran hindern, seine Pflicht zu tun.« Indem sie so schrieben, verurteilten sie die Vernunft, die Freiheit der gallikanischen Kirche; indem sie so schrieben, sagten sie den Leuten: »Gott befiehlt euch, nie eure Pflicht zu tun, sobald ihr Ungerechtigkeit fürchtet.« Man hat wohl den gesunden Menschenverstand nie unverfrorener vor den Kopf gestoßen. Die Berater Roms achteten darauf nicht. Man redete der römischen Kurie ein, dass diese Bulle notwendig sei und die Nation sie auch erwarte; sie wurde unterzeichnet, besiegelt und versandt – die Folgen sind bekannt; wären diese vorausgesehen worden, hätte man die Bulle gemäßigt. Die Zwistigkeiten waren heftig; erst Klugheit und Güte des Königs haben sie am Ende geschlichtet.

Ebenso verhält es sich mit einem großen Teil der Punkte, die uns von den Protestanten scheiden. Ein paar davon haben keinerlei praktische Folgen; andere sind gravierender, aber der Furor um sie hat sich doch sehr gedämpft; immerhin halten die Protestanten jetzt keine Kontroverspredigten mehr in ihren Kirchen.

Wir erleben also eine Zeit des Abscheus, der Übersättigung oder vielmehr der Vernunft; man kann sie begreifen als eine Epoche und als Unterpfand des öffentlichen Friedens. Religionszwist ist eine epidemische Krankheit, die sich im Abklingen befindet; die Pest, von der wir geheilt sind, erfordert nur noch eine sanfte Therapie. Es liegt doch im Interesse des Staates, dass seine expatriierten Kinder in das Haus ihres Vaters zurückkehren; die Menschlichkeit verlangt es, die Vernunft rät es, und die Politik braucht sich nicht davor zu fürchten.

KAPITEL VI

Verträgt sich Intoleranz mit Natur- und Menschenrecht?

Das Naturrecht ist das Recht, das die Natur allen Menschen zuteilt und vorgibt. Hat einer sein Kind erzogen, schuldet es ihm Respekt als seinem Vater und Dankbarkeit als seinem Wohltäter. Hat einer mit den eigenen Händen einen Boden bearbeitet, besitzt er das Recht auf dessen Produkte. Hat einer ein Versprechen gegeben oder bekommen, muss es gehalten werden.

Das Menschenrecht kann keinesfalls auf etwas anderem fußen als auf diesem Naturrecht, und das große Prinzip, das universelle Prinzip, das sich aus beiden ableitet, lautet auf der ganzen Welt: »Was man dir nicht tun soll, das tue du auch anderen nicht.« Legt man dieses Prinzip zugrunde, ist nun nicht einzusehen, wie ein Mensch zu einem anderen sagen kann: »Glaube, was ich glaube, und das, was du nicht glaubst, oder du bist des Todes.« So sagt man aber in Portugal, in Spanien, in Goa. In ein paar anderen Ländern begnügt man sich zu sagen: »Glaube, oder ich verabscheue dich. Glaube, oder ich tue dir Übles, so viel ich nur kann. Ungeheuer, du hast nicht meine Religion, du hast also gar keine Religion. Man muss sorgen, dass du deinen Nachbarn, deiner Stadt, deiner Provinz ein Gräuel bist.«

Wenn es sich mit dem Menschenrecht vertrüge, sich so zu verhalten, könnte keiner die Japaner daran hindern, die Chinesen zu verachten, die wiederum die Siamesen hassten; diese würden die Gangariden verfolgen, die ihrerseits über die Bewohner der Indus-Ufer herfielen; ein Mongole würde dem ersten Malabaren, dem er begegnete, das Herz herausreißen; der Malabarer dürfte den Perser umbringen, dieser den Türken massakrieren, und alle zusammen stürzten sich auf die Christen, die sich so lange untereinander zerfleischt haben.

Das Recht auf Intoleranz ist also absurd und barbarisch; es ist das Recht der Tiger. Ja, die Sache ist noch grauenvoller, denn die Tiger zerreißen nur, um satt zu werden, und wir haben uns ausradiert wegen Paragraphen.

KAPITEL VII

Gab es bei den Griechen Intoleranz?

Die Völker, von denen uns die Geschichte einige schwache Kenntnis liefert, sahen sämtlich ihre verschiedenen Religionen als Verknüpfungen an, die sie alle miteinander verbanden; eine Gemeinschaft des menschlichen Geschlechts. Es existierte eine Art Anrecht auf Gastfreundschaft unter Göttern genauso wie unter Menschen. Wenn ein Fremder in eine Stadt kam, huldigte er als Erstes den Göttern des Landes. Man versäumte nie, sogar die Götter der Feinde zu verehren. Die Trojaner richteten selbst an jene Götter Gebete, die für die Griechen kämpften.

Alexander fragte in der libyschen Wüste den Gott Ammon um Rat, dem die Griechen den Namen *Zeus* und die Römer den Namen *Jupiter* gaben, obwohl die einen wie die anderen ihren *Zeus* und ihren *Jupiter* zu Hause hatten. Wenn man eine Stadt belagerte, opferte man den Göttern der Stadt, um sie günstig zu stimmen. So vereinte die Religion die Menschen mitten im Krieg und milderte manchmal ihren Furor; manchmal befahl sie ihnen aber auch inhumane und grauenhafte Handlungen.

Ich kann mich irren, aber ich habe den Eindruck, dass von den zivilisierten Völkern des Altertums kein einziges die Gedankenfreiheit eingeschränkt hat. Alle hatten eine Religion; aber sie gingen, scheint mir, mit den Göttern wie mit den Menschen um. Sie erkannten alle einen einzigen höchsten Gott an, gesellten ihm aber eine ungeheure Vielzahl von Untergottheiten bei. Sie hatten nur einen Glauben, aber sie erlaubten eine große Menge einzelner Subsysteme.

Die Griechen zum Beispiel, so religiös sie auch waren, erachteten für richtig, dass die Epikureer die Vorsehung und die Existenz der Seele leugneten. Von anderen Sekten gar nicht zu reden, die alle die edlen Ideen kränkten, welche man dem höchsten Wesen einfach beilegen muss – und die ebenfalls sämtlich geduldet wurden.

Sokrates, welcher der Erkenntnis des höchsten Wesens am nächsten kam, musste, sagt man, ebendies büßen, und er starb als Märtyrer der Göttlichkeit; er ist der Einzige, den die Griechen wegen seiner Meinungen zu Tode brachten. Wenn dies wirklich der Grund seiner Verurteilung gewesen sein sollte, dann gereicht es der Intoleranz nicht zur Ehre; denn man bestrafte nur jenen, der Gottes Herrlichkeit gerecht wurde, und ehrte all jene, die von der Gottheit die unwürdigsten Vorstellungen gaben. Die Feinde der Toleranz sollten sich, meiner Meinung nach, nicht auf das hässliche Beispiel der Richter des Sokrates stützen.

Es steht übrigens längst fest, dass er das Opfer einer wütend gegen ihn aufgebrachten Partei war. Er hatte sich allerlei Gruppen zu unversöhnlichen Feinden gemacht: die Sophisten, die Rhetoren, die Dichter, die in den Schulen unterrichteten, und sogar alle Hauslehrer, die sich um die Bildung der Kinder von Stand kümmerten. Er gesteht selbst in seiner Rede, die uns Plato übermittelt hat, dass er von Haus zu Haus gezogen sei, um diesen Lehrern zu beweisen, dass sie nicht mehr waren als Ignoranten. Ein solches Verhalten war seiner, den ein Orakel einmal zum weisesten aller Menschen erklärt hatte, nicht würdig. Man ließ einen Priester und einen Rat aus den Reihen der Fünfhundert auf ihn los, die ihn anklagten; wessen genau, ich gestehe es, weiß ich gar nicht; ich finde hierzu nur vage Anhaltspunkte in seiner *Apologie*. Dort gab er, heißt es, bloß ganz allgemein die Vorwürfe wieder, die man ihm machte: Man unterstelle ihm, er gebe der Jugend Maximen gegen die Religion und gegen die Regierung ein. So verfahren die Verleumder weltweit seit jeher und bis heute. Ein Tribunal muss aber doch erwiesene Fakten präsentieren, dazu präzise und detaillierte Anklageschriften; nichts davon war im Prozess gegen Sokrates gegeben. Wir wissen nur, dass er erst einmal zweihundertzwanzig Stimmen für sich bekam. Das Tribunal der Fünfhundert besaß also zweihundertzwanzig Philosophen; das ist eine Menge; ich zweifle, ob man anderswo so viele auf einem Haufen fände. Die Mehrheit votierte schließlich für den Schierlingsbecher. Aber bedenken wir: Als die Athener wieder zu sich kamen, ergriff sie Abscheu vor den Richtern; Meletos, der Haupturheber des Urteils, wurde für diese Ungerechtigkeit mit dem Tode bestraft; die anderen verbannte man; auch errichtete man einen Tempel zu Ehren des Sokrates. Niemals wurde die Philosophie so stark gerächt und so sehr geehrt. Das Beispiel des Sokrates ist eigentlich das gewaltigste Argument, das man gegen die Intoleranz ins Feld führen kann.

Die Athener hatten einen Altar, der fremden Göttern geweiht war, Göttern also, die sie gar nicht kennen konnten. Gibt es wohl einen stärkeren Beweis nicht nur für Duldsamkeit gegenüber allen Völkern, sondern auch für Respekt vor deren Glauben?

Ein Mann lauteren Sinnes, weder der Vernunft noch der Bildung noch der Redlichkeit noch dem Vaterlande feind, hat kürzlich die Bartholomäusnacht gerechtfertigt. Hierzu führte er den Krieg der Phokier gegen die Spartaner an, genannt der *Heilige Krieg.* Als wäre dieser Krieg wegen der Religion, wegen eines Dogmas, wegen theologischer Argumente entfacht worden! Es ging einzig darum, wer ein bestimmtes Stück Land bekommen sollte; das Motiv steht eigentlich hinter allen Kriegen. Getreidegarben sind aber keine Glaubensbekenntnisse; um Meinungen willen hat nie eine griechische Stadt zu den Waffen gegriffen. Was übrigens möchte der bescheidene und sanftmütige Mann eigentlich? Will er etwa, dass wir selbst einen Heiligen Krieg beginnen?

KAPITEL VIII

Waren die Römer tolerant?

Bei den alten Römern finden wir, von Romulus bis zu der Zeit, da die Christen sich mit den Priestern des Imperiums stritten, nicht einen einzigen Menschen, der wegen seiner Haltung in Religionsdingen verfolgt worden wäre. Cicero zweifelte an allem; Lukrez leugnete alles, und sie ernteten nicht den geringsten Vorwurf. Die Freizügigkeit ging so weit, dass Plinius der Ältere sein Buch damit beginnen durfte, die Existenz eines Gottes zu verneinen; wenn es doch einen gebe, schrieb er, dann sei es die Sonne. Cicero sagt über die Hölle: *Non est anus tam excors quae credat* – »Nicht einmal ein altes Weib ist so dumm, daran zu glauben«. Juvenal sagt: *Nec pueri credunt* – »Selbst die Kinder glauben nicht daran« (*Satiren* II, Vers 152). Man sang auf dem römischen Theater: *Post mortem nihil est, ipsaque mors nihil* – »Nach dem Tode ist nichts mehr, und der Tod selbst ist nichts« (Seneca, *Die Troerinnen*, Chor am Schluss des Zweiten Aktes). Solche Sätze müssen wir verabscheuen; wir können uns allenfalls bereitfinden, sie einem Volke zu vergeben, das die Evangelien noch nicht erleuchtet hatten. Sie sind falsch; sie sind unfromm; aber wir müssen auch den Schluss ziehen, dass die Römer sehr tolerant waren; denn solche Sätze erregten nicht das geringste Murren.

Das große Prinzip des römischen Senates und Volkes lautete: *Deorum offensae diis curae* – »Den Göttern allein obliegt es, sich um die Beleidigungen zu kümmern, mit denen die Götter überzogen wurden«. Dieses königliche Volk trachtete nur danach, die Welt zu erobern, zu regieren und zu zivilisieren. Sie haben uns ihre Gesetze auferlegt, und sie haben uns besiegt; aber nie wollte Cäsar, der uns Ketten, Gesetze und Spiele gab, uns zwingen, seinetwegen unsere Druiden zu verlassen, obwohl er der große Oberpriester der Nation war, die über uns herrschte.

Bei den Römern waren nicht alle Religionen im öffentlichen Raum vertreten; sie gaben nicht allen die entsprechende Approbation, aber sie erlaubten sie alle. Unter Numa besaßen sie noch keinen materiellen Gegenstand zur Anbetung, keine Bilder, keine Statuen. Später schufen sie welche den *diis majorum gentium* – den Göttern höheren Ranges, die sie von den Griechen übernahmen. Der Satz im Zwölftafelgesetz *Deos peregrinos ne colunto* – »Fremde Götter bete man nicht an« – beschränkte sich darauf zu bestimmen, dass öffentlich nur jene höheren Gottheiten verehrt werden durften, die der Senat anerkannt hatte. Für Isis gab es einen Tempel in Rom, bis Tiberius dessen Abriss befahl – als die Priester dieses Tempels, die sich vom Geld des Mundus hatten bestechen lassen, ihn unter dem Namen des Gottes Anubis in dem Tempel mit einer Frau namens Paulina schlafen ließen. Freilich berichtet diese Geschichte nur Josephus; der aber war kein Zeitzeuge, er war leichtgläubig und neigte zu Übertreibungen. Es ist wenig wahrscheinlich, dass in einer Zeit, die so aufgeklärt war wie die unter Tiberius, eine Frau höchsten Standes einfältig genug gewesen wäre zu glauben, der Gott Anubis wolle ihr eine gewisse Gunst erweisen.

Aber einerlei, ob diese Anekdote nun wahr oder falsch ist – fest steht jedenfalls, dass der ägyptische Aberglaube sich einen Tempel erbaut hatte, und zwar mit öffentlichem Einverständnis. Die Juden trieben in der Stadt Handel seit den Punischen Kriegen; sie hatten dort seit den Zeiten des Augustus Synagogen, und sie behielten sie fast immer, wie im heutigen Rom. Kann es ein leuchtenderes Beispiel dafür geben, dass die Römer die Toleranz als das heiligste Gesetz des Völkerrechts betrachteten?

Man wird uns sofort entgegenhalten, dass diese für die Christen nicht galt: Sobald diese auftraten, haben die Römer sie verfolgt, die sonst niemanden verfolgten. Mir scheint jedoch evident, dass dieses angebliche Faktum ganz und gar nicht stimmt, und hier brauche ich mich nur auf den heiligen Paulus selbst zu berufen. Die *Apostelgeschichte* belehrt uns, dass die Juden den heiligen Paulus beschuldigten, er wolle das Gesetz Mosis durch Christus zerstören.[14] Da riet der heilige Jakobus dem Paulus, er möge sich das Haupt scheren und sich gemeinsam mit vier anderen Juden im Tempel reinigen, »damit jedermann wisse, dass falsch ist, was man dir nachsagt, und dass du dich sehr wohl weiterhin an das Gesetz Mosis hältst«.

Paulus, der Christ, fügte sich also sieben Tage lang allen jüdischen Gebräuchen; aber die sieben Tage waren noch nicht verstrichen, da erkannten ihn Juden aus Asien, und als sie bemerkten, dass er im Tempel nicht nur Juden, sondern auch Heiden bei sich hatte, schrien sie, dies sei eine Entweihung der heiligen Stätte. Man ergriff Paulus und führte ihn vor den Landpfleger Felix; dann wandte man sich an das Tribunal des Statthalters Festus. Die Menge der Juden forderten Paulus' Tod. Festus aber antwortete ihnen: »Es ist nicht üblich bei den Römern, einen Menschen zu verurteilen, ehe der Angeklagte seinen Ankläger vor sich hatte und ihm die Möglichkeit gegeben war, sich zu verteidigen.«[15]

Diese Worte aus dem Munde eines römischen Beamten sind umso bemerkenswerter, als jener Festus allem Anschein nach keinerlei Achtung gegenüber Paulus empfand, sondern vielmehr Geringschätzung. Von einer Fehleinsicht irregeleitet, hielt er ihn für verrückt; er sagte ihm ins Gesicht, dass er, Paulus, geistesgestört sei: *Multae te litterae ad insaniam convertunt* – »Deine große Gelehrsamkeit treibt dich in den Wahnsinn«.[16] Festus tat also nur, was nach römischem Recht billig war, wenn er einen Unbekannten unter seinen Schutz nahm, von dem er nichts hielt.

Damit bezeugt der Heilige Geist selbst, dass die Römer keine Verfolger und gerecht waren. Nicht die Römer haben sich gegen den heiligen Paulus empört, sondern die Juden. Jakobus, Jesu Bruder, wurde auf Geheiß eines sadduzäischen Juden gesteinigt, nicht auf das eines Römers. Die Juden und nicht die Römer haben den heiligen Stephanus gesteinigt,[17] und als der heilige Paulus noch den Exekutoren die Mäntel verwahrte, handelte er mitnichten als römischer Bürger.

Die ersten Christen hatten zweifelsohne keinen Ärger mit den Römern; sie hatten keine anderen Feinde als die Juden, von denen sie sich zu trennen begannen. Man weiß ja, welchen unversöhnlichen Hass alle Sektierer jenen entgegentragen, die ihre Sekte verlassen. Es gab zweifellos Tumulte in den römischen Synagogen. Sueton schreibt in seinem *Leben des Claudius* (Kap. 25): *Judaeos, impulsore Christo assidue tumultuantes, Roma expulit* – »Rom vertrieb die Juden, die auf Anstiften Christi fortgesetzt Unruhe machten«. Sueton irrte sich, wenn er Christus zum Anstachler erklärte; er konnte kein Detailwissen über ein Volk haben, das in Rom so verachtet war wie die Juden. Nicht jedoch irrte er sich in dem Punkt, dass es Streitigkeiten gab. Sueton schrieb unter Hadrian, im zweiten Jahrhundert; damals waren die Christen in den Augen der Römer noch nicht so klar von den Juden unterschieden. Diese Passage bei Sueton macht deutlich, dass die Römer ganz und gar nicht die ersten Christen unterdrückten, sondern sich vielmehr gegen Juden wandten, die Erstere verfolgten. Sie wollten, dass die römische Synagoge gegenüber ihren abtrünnigen Brüdern die gleiche Duldsamkeit walten ließ wie der Senat gegenüber der Synagoge. Die vertriebenen Juden kamen bald wieder zurück; sie gelangten sogar auf Ehrenposten, obwohl die Gesetze sie eigentlich davon ausschlossen; dies berichten uns Dion Cassius und Ulpian.[18] Kann es sein, dass die Kaiser nach der Zerstörung Jerusalems den Juden Würdenämter verliehen und die Christen, die sie als eine jüdische Sekte betrachteten, verfolgt und den Henkern und wilden Tieren ausgeliefert haben?

Nero, sagt man, hat sie verfolgt. Tacitus berichtet uns, dass man den Christen den Brand von Rom zur Last legte und sie der Wut des Volkes überließ. Spielte bei dieser Beschuldigung ihr Glauben eine Rolle? Nein, sicherlich nicht. Wir würden ja auch kaum behaupten, dass die Chinesen, welche die Holländer vor ein paar Jahren in den Vorstädten Batavias umbrachten, aus religiösen Gründen geopfert wurden. Sosehr man auch versucht sein mag, dieser Täuschung zu verfallen: Es ist unmöglich, das Unheil, das unter Nero einigen bedauernswerten Halbjuden und Halbchristen widerfuhr, der Intoleranz zuzuschreiben.[19]

KAPITEL IX

Über die Märtyrer

Es gab im Laufe der Geschichte christliche Märtyrer. Allerdings lässt sich nicht immer leicht herausfinden, aus welchen Gründen diese Märtyrer verurteilt wurden. So wage ich zu vermuten, dass unter den ersten Kaisern keinem einzigen Christen dies der Religion wegen geschah. Man tolerierte ja alle Religionen; warum hätte man da kaum bekannten Leuten nachstellen und sie verfolgen sollen, die einen eigenen Kult praktizierten – zu einer Zeit, in der man alle anderen Kulte erlaubte?

Leute wie Titus, Trajan oder Antoninus waren keine Barbaren. Kann man sich vorstellen, dass sie allein die Christen einer Freiheit beraubt hätten, derer sich die ganze Erde erfreute? Hätte man gewagt, nur sie anzuklagen, weil sie geheime Mysterien hatten, während man die Mysterien der Isis, die des Mithra, die der syrischen Göttin, die alle dem römischen Glauben fremd waren, ohne Widerspruch erlaubte? Die Verfolgung muss andere Gründe gehabt haben, und es ist anzunehmen, dass ein partikulärer Hass, hinter dem Staatsräson und Politik standen, das Blut der Christen vergossen hat.

Nehmen wir etwa den Fall des heiligen Laurentius. Er weigerte sich, dem Präfekten von Rom, Cornelius Saecularis, den Kirchenschatz auszuhändigen, den er in seiner Verwahrung hatte. Verständlich, dass der Präfekt und der Kaiser darüber ungehalten waren. Sie wussten allerdings nicht, dass Sankt Laurentius jenes Geld der Christen an die Armen verteilt und damit ein barmherziges und heiliges

Werk getan hatte; sie betrachteten ihn nun als Widerspenstigen und brachten ihn zu Tode.[20]

Oder betrachten wir den Märtyrertod des heiligen Polyeuktos. Hat man ihn wirklich allein wegen der Religion verurteilt? Er geht in den Tempel, wo gerade ein Dankgottesdienst für den Sieg des Kaisers Decius stattfindet. Er beschimpft die Opferpriester; er stürzt die Altäre und Standbilder um und zerschlägt sie. In welchem Lande der Welt würde man einen solchen Anschlag durchgehen lassen? Der Christ, der öffentlich das Edikt des Kaisers Diokletian zerriss und damit seinen Brüdern die große Verfolgungswelle während der letzten beiden Amtsjahre dieses Herrschers einbrachte, ließ seinen Eifer ebenfalls nicht vom Verstand leiten; dies bescherte ihm das große Unglück, zum Auslöser des Verhängnisses seiner Partei zu werden. Jener gedankenlose Eifer, der so oft losbrach und den sogar mehrere Kirchenväter verdammt haben, war vielleicht die Ursache aller Verfolgungen.

Es liegt mir natürlich fern, die ersten Sakramentarier – jene extrem radikalen Protestanten also – mit den ersten Christen gleichzusetzen; ich will ja nicht Irrtum und Wahrheit zusammenwerfen. Aber Farel, der Vorgänger Jean Calvins, tat in Arles nun einmal das Gleiche, was der heilige Polyeuktos in Armenien getan hatte. Eine Prozession trägt eine Statue des heiligen Antonius Eremita durch die Straßen. Farel stürzt sich mit einigen der Seinen auf die Mönche, die Sankt Antonius tragen, schlägt sie, jagt sie auseinander und wirft Sankt Antonius in den Fluss. Er hatte den Tod verdient, der ihn aber nicht ereilte, denn er fand Zeit zu fliehen. Wenn er sich damit begnügt hätte, den Mönchen zuzurufen, er glaube nicht daran, dass ein Rabe Antonius dem Eremiten ein halbes Brot gebracht und ebenso wenig, dass Sankt Antonius Gespräche mit Zentauren und Satyrn geführt habe, wäre ihm ein strikter Verweis wegen Störung der öffentlichen Ordnung erteilt worden. Und hätte er am Abend nach der Prozession vor anderen die Geschichte vom Raben, den Zentauren und den Satyrn in Ruhe kritisch geprüft, wäre ihm gar nichts vorzuwerfen gewesen.

Was doch – die Römer sollen geduldet haben, dass der schändliche Antinoos zu den Göttern zweiten Ranges aufstieg, und sollen jene den wilden Tieren ausgeliefert und sie von ihnen zerreißen lassen haben, denen man nur vorwarf, dass sie friedlich einen gerechten Gott anbeteten! Was doch – sie erkannten einen allerhöchsten Gott an,[21] einen souveränen Gott, Herrscher über alle untergeordneten Götter, wie es die Formel *Deus optimus maximus* bezeugt: Und da stellten sie jenen nach, die einen einzigen Gott anbeteten?

Es ist nicht anzunehmen, dass unter den Kaisern jemals eine Art Inquisition gegen die Christen stattgefunden hat, in dem Sinne, dass man zu ihnen kam und sie über ihren Glauben verhörte. In dieser Sache behelligte man weder den Juden noch den Syrer noch den Ägypter noch die Barden noch die Druiden noch die Philosophen. Märtyrer wurden jene, die sich gegen die falschen Götter erhoben. Nun war es bestimmt sehr weise und sehr fromm, diesem Glauben nicht mehr anzuhängen; aber da die Christen sich nicht damit zufriedengaben, einen Gott im Geiste und in der Wahrheit anzubeten, sondern zusätzlich gewalttätige Ausbrüche gegen die hergebrachte Religion unternahmen, muss man, wie absurd letztere auch gewesen sein mag, eingestehen, dass sie selbst intolerant waren.

Tertullian bekennt in seinem *Apologeticum*,[22] dass man die Christen als Aufrührer betrachtete. Die Beschuldigung war zwar ungerecht, doch sie beweist, dass eben nicht allein die Religion der Christen den Eifer der Richter erregte. Er bekennt weiter,[23] dass die Christen sich weigerten, während der Jubeltage, an denen die Siege der Kaiser gefeiert wurden, ihre Türen mit Lorbeerzweigen zu schmücken. In diese tadelnswerte Ziererei ließ sich leicht das Vergehen der Majestätsbeleidigung hineindeuten.

Die erste juristische Härte gegen die Christen geschah auf Betreiben Domitians; aber sie bestand nur aus einer Verbannung, die nicht einmal ein Jahr dauerte: *Facile coeptum repressit, restitutis etiam quos relegaverat* – »Bald stellte er ein, was er begonnen hatte, und die von ihm Verwiesenen durften auch wiederkehren«, hält Tertullian fest (Kap. 5). Lactantius, der sich beim Schreiben meist keine große Zurückhaltung auferlegt, muss zugeben, dass unter den Kaisern von Domitian bis hin zu Decius die Kirche ihre Ruhe hatte, ja blühte und gedieh.[24] Dieser lange Frieden fand erst unter dem letztgenannten Kaiser ein Ende, wie Lactantius schreibt: *Extitit enim post annos plurimos execrabile animal Decius, qui vexaret Ecclesiam* – »Denn nach all den vielen Jahren kam das abscheuliche Untier Decius, das die Kirche peinigen sollte« (*De mortibus persecutorum*, Kap. 4).

Wir können hier nicht näher die Behauptung des Gelehrten Dodwell diskutieren, es habe insgesamt nur recht wenige Märtyrer gegeben. Aber fragen wir uns immerhin: Wenn die Römer die christliche Religion so verfolgt haben, wenn der Senat so viele Unschuldige durch ungewöhnliche Peinigungen zu Tode gebracht hat, wenn sie

Christen in siedendes Öl getaucht und junge Mädchen nackt den wilden Tieren im Circus vorgesetzt haben – wie erklärt sich dann, dass sie all den ersten römischen Bischöfen nichts taten? Der heilige Irenäus weiß nur von einem Märtyrer unter jenen Würdenträgern, nämlich Telesphorus, gestorben im Jahre 139 unserer Zeitrechnung; es gibt aber keinen Beweis, dass er gewaltsam zu Tode kam. Zephyrinus führte die römische Herde achtzehn Jahre lang und verschied friedlich im Jahre 219. Zwar findet man in den alten Martyrologien die Namen fast aller ersten Päpste. Aber damals wurde das Wort *Märtyrer* noch in seinem ursprünglichen Sinne gebraucht; es bedeutete *Zeuge*, nicht *Hingerichteter*.

Schwierig ist ferner zu erklären, wie trotz einer solchen Verfolgungswut die Christen laut den Kirchenautoren sich die Freiheit nehmen konnten, in den ersten drei Jahrhunderten 56 Konzile abzuhalten.

Es gab durchaus Verfolgungen; aber wären sie so ungestüm gewesen, wie behauptet wird, wäre Tertullian, der so vehement gegen die etablierte Religion schrieb, wohl kaum im Bett gestorben. Man weiß zwar, dass die Kaiser sein *Apologeticum* nicht gelesen haben; eine in Afrika verfasste, im fernen Rom unbekannte Schrift drang eben nicht durch zu jenen, welche die Welt zu regieren hatten. Sehr wohl aber muss sie den Leuten um den Prokonsul von Afrika in die Hände gelangt sein; man sollte annehmen, dass sie dem Autor jede Menge Hass eingetragen hätte. Der indes erlitt kein Martyrium.

Origenes lehrte öffentlich in Alexandria und wurde nicht zu Tode gebracht. Ebenjener Origenes, der mit dem gleichen Freimut zu Heiden und Christen redete, der den einen Jesus verkündete und den anderen die Dreieinigkeit Gottes bestritt, bekennt ausdrücklich in seinem dritten Buch gegen Celsus, »dass es nur sehr wenige Märtyrer gab, und auch bloß hin und wieder. Indes lassen die Christen«, schreibt er weiter, »nichts unversucht, was Aussicht hat, alle Welt zu ihrer Religion zu bekehren. Sie laufen damit in die Städte, in die Marktflecken und in die Dörfer.«

Es hätte, das steht fest, sehr leicht passieren können, dass die ständig Umherstreifenden von feindlichen Priestern als Aufrührer angezeigt worden wären. Doch die Missionen wurden geduldet, was erstaunt, bedenkt man, wie sich die Ägypter sonst verhielten, jenes unruhige, aufgebrachte und feige Volk; ein Volk, das einen Römer zerriss, weil er eine Katze getötet hatte; ein Volk, das immer schon Verachtung verdiente, auch wenn die Bewunderer der Pyramiden da anderer Meinung sind.[25]

Wer hätte wohl Priester und Regierung mehr gegen sich aufbringen können als Gregor der Wundertäter, ein Schüler des Origenes? Gregor hatte in einer Nacht einen Greis gesehen, den Gott gesandt hatte; ihn begleitete eine Frau, die ein Lichterglanz umgab. Die Frau war die Mutter Gottes, beim Greis handelte es sich um den heiligen Johannes den Evangelisten. Johannes diktierte Gregor ein Glaubensbekenntnis, das dieser fortan predigte. Auf seinem Weg nach Neocaesarea kam Gregor an einem Tempel vorbei, in dem man Orakel empfangen konnte. Ein Regen zwang ihn, in diesem Gebäude die Nacht zu verbringen; er machte dort mehrfach das Zeichen des Kreuzes. Am nächsten Tag wunderte sich der Oberpriester, dass die Dämonen, die zuvor immer geantwortet hatten, keine Orakel mehr geben wollten. Er rief sie zu sich; die Teufel kamen und sagten ihm, ab sofort kämen sie nicht mehr, und ließen ihn wissen, dass sie nicht in einem Tempel verweilen könnten, in dem der heilige Gregor die Nacht verbracht und Kreuzzeichen geschlagen habe.

Der Oberpriester ließ Gregor ergreifen; und der antwortete ihm: »Ich kann die Dämonen hinausjagen, wo ich will, und sie auch hineintreiben, wo ich will.« – »Dann mach, dass sie wieder in meinen Tempel kommen«, sagte der Oberpriester. Da riss Gregor ein Stück Papier aus einem Buch, das er gerade in der Hand hielt, und schrieb darauf die Worte: »Gregor an Satan: Ich befehle dir, kehr zurück in diesen Tempel.« Man legte den Zettel auf den Altar: Die Dämonen gehorchten und verkündeten wieder wie gewöhnlich ihre Orakel. Dann allerdings verstummten sie endgültig, wie man weiß.

Der heilige Gregor von Nyssa berichtet diese Begebenheit in seiner Biographie des heiligen Gregors des Wundertäters. Man sollte nun erwarten, die Götzenpriester hätten sich über Gregor empört und, verblendet, wie sie waren, ihn bei der Obrigkeit angezeigt. Doch hatte dieser, immerhin ihr größter Feind, keinerlei Verfolgung zu erleiden.

In der Vita des heiligen Cyprian heißt es, er sei der erste Bischof von Karthago gewesen, den man zur Hinrichtung verurteilt habe. Der Märtyrertod des heiligen Cyprian ereignete sich im Jahre 258; dies bedeutet: während einer sehr langen Zeit wurde kein Bischof von Karthago wegen seiner Religion geopfert. Die Geschichte verrät uns nicht, welche Verleumdungen man gegen den heiligen Cyprian äußerte, welche Feinde er hatte und warum der Prokonsul von Afrika gegen ihn erzürnt war. Der heilige Cyprian schrieb an Cornelius, den Bischof von Rom: »Vor Kurzem gab es in Karthago einen Volksaufruhr, und zweimal wurde gerufen, man solle mich den Löwen vorwerfen.« Es ist sehr wahrscheinlich, dass letztendlich die Ausbrüche des unbändigen Volkes die Ursache für Cyprians Tod waren, und es ist kaum anzunehmen, dass Kaiser Gallus ihn aus so weiter Entfernung seiner Religion wegen verurteilt hat, zumal er Cornelius, der ja vor seinen Augen lebte, in Ruhe ließ.

Wird ein Mensch verfolgt, mischen sich oft viele geheime Ursachen in die scheinbar offensichtliche Ursache. Dies macht es späteren Jahrhunderten unmöglich, die verborgene Quelle des Unglücks zu ergründen, das herausragende Menschen traf; umso mehr gilt dies für das gewaltsame Ende eines Individuums ohne Prominenz, das nur unter den Angehörigen seiner Partei bekannt sein konnte.

Man bedenke, dass der heilige Gregor der Wundertäter und der heilige Dionysius, der Bischof von Alexandria, die zur selben Zeit wirkten wie der heilige Cyprian, nicht exekutiert wurden. Warum ließ man sie, die doch mindestens ebenso bekannt waren wie jener Bischof von Karthago, in Frieden? Und warum traf es den heiligen Cyprian? Spricht nicht einiges dafür, dass der eine persönlichen und mächtigen Feinden, einer Verleumdung, der angeblichen Staatsräson, die so oft hineinspielt, wenn etwas mit der Religion begründet wird, zum Opfer fiel, und die anderen beiden schlicht das Glück hatten, der Bosheit der Menschheit zu entgehen?

Oder nehmen wir den heiligen Ignatius von Antiochia. Dass den allein der Vorwurf, Christ zu sein, das Leben gekostet hat, und das unter dem mildgesinnten und gerechten Trajan, ist so gut wie unmöglich. Man erlaubte den

Christen etwa, Ignatius zu begleiten und zu trösten, als er nach Rom gebracht wurde.[26] In Antiochia, einer stets unruhigen Stadt, hatte es immer wieder Erhebungen gegeben, und Ignatius war dort nun einmal geheimer Bischof der Christen: Vielleicht schob man diese Rebellionen böswilligerweise den unschuldigen Christen zu und erregte so die entsprechende Aufmerksamkeit der Regierung, die sich täuschen ließ, wie es nur gar zu oft geschah.

Oder der heilige Simeon. Der wurde vor dem persischen König Sapor beschuldigt, ein römischer Spion zu sein. Laut seiner Märtyrervita hat Sapor ihm nahegelegt, die Sonne anzubeten. Nun weiß man aber, dass die Perser gar keinen Sonnenkult betrieben; sie betrachteten das Gestirn als Symbol für das Prinzip des Guten schlechthin, ebenso als Emblem des Gottes Oromazes oder Oromasdes, dem sie die Schöpfung der Welt zuschrieben.

Wie sehr man auch für Toleranz sein mag, so fühlt man doch unweigerlich eine gewisse Entrüstung gegenüber jenen Lautschwätzern, die behaupten, Diokletian habe schon seit seiner Thronbesteigung die Christen verfolgt. Halten wir uns nur an Eusebius von Caesarea; gegen sein Zeugnis lässt sich nichts vorbringen. Jenem Günstling und Lobredner Konstantins, dem erbitterten Feind aller vorigen Kaiser, muss man glauben, wenn er gut über diese redet. Hier seine Worte: »Die Kaiser gaben den Christen lange Zeit große Zeichen des Wohlwollens. Sie vertrauten ihnen Provinzen an. Mehrere Christen wohnten im kaiserlichen Palast. Manche Römer nahmen sogar Christinnen zur Frau. Diokletian heiratete Prisca, deren Tochter wiederum den Maximianus Galerius ehelichte etc.«[27]

Lernen wir also aus diesem entscheidenden Zeugnis,

nicht mehr zu verleumden; urteilen wir etwa sorgfältig, ob die Verfolgungen, zu denen Galerius nach neunzehn Jahren Regierens voller Güte und Wohltaten hetzte, ihren Grund nicht in irgendeiner Intrige haben, die wir nicht kennen.

Sehen wir uns auch die Legende von der Thebäischen Legion einmal genau an, und erkennen wir, wie viel Absurditäten diese Legende enthält. Es ist lächerlich zu behaupten, man habe diese Legion aus Asien über den Großen Sankt Bernhard kommen lassen; es ist unmöglich, dass man sie aus Asien gerufen hat, um eine Revolte in Gallien zu dämpfen, die ein Jahr zuvor bereits niedergeworfen worden war; es ist nicht minder unmöglich, dass man 6000 Fußsoldaten und 700 Reiter in einem engen Pass gemetzelt hat, wo 200 Männer eine ganze Armee zum Halt bringen könnten. Die Erzählung über diese angebliche Schlächterei beginnt gleich mit einer offensichtlichen Unwahrheit: »Als die Erde unter der Tyrannei Diokletians ächzte, füllte sich der Himmel mit Märtyrern.« Nun soll sich dieses Ereignis 286 zugetragen haben, zu einer Zeit also, da Diokletian die Christen am meisten begünstigte und da das Römische Reich seine glücklichsten Jahre erlebte. Eigentlich kann man sich diese ganzen Diskussionen sparen, denn es hat niemals eine Thebäische Legion gegeben: die Römer waren zu stolz und zu verständig, um eine Legion aus Ägyptern zu formieren; Ägypter dienten in Rom nur als Sklaven, *verna canopi* geheißen. Es wäre gerade so, als hätte das römische Heer eine jüdische Legion besessen. Wir kennen die Namen der 32 Legionen, die den Kern der römischen Streitmacht bildeten; eine Thebäische Legion findet sich eindeutig nicht darunter. Legen wir dieses Märchen also getrost zu den Akrostichon-Versen der eritreischen Sibyllen, welche die Wunder Christi vorhergesagt haben sollen, und zu all den anderen untergeschobenen sakralen Artikeln, mit denen ein falscher religiöser Eifer die Welt überschüttete, um die Leichtgläubigen auszunutzen.

KAPITEL X

Über zwei Gefahren: falsche Legenden und Verfolgung durch Christen

Die Lüge hat nur zu lange die Menschen hinters Licht geführt. Viel Wolkendunst aus Fabeleien umhüllt die römische Geschichte seit Tacitus und Sueton, und den Annalen der anderen antiken Nationen ist es nicht besser ergangen. Es wird Zeit, dass wir aus all dem Märchenwust das bisschen Wahrheit herauslösen, das in ihm steckt.

Wie kann man zum Beispiel glauben, die Römer, jenes bedächtige und ernste Volk, dem wir unsere Gesetze verdanken, hätten Jungfrauen hohen Standes, nur weil sie Christinnen waren, zur Prostitution verurteilt? Wer dies denkt, kennt äußerst schlecht die sittenstrenge Würde unserer Gesetzgeber, die ohne jede Nachsicht die moralischen Verfehlungen der Vestalinnen verfolgten. Ruinart berichtet in seinen *Acta sincera* [›Wahre Geschichten‹, nämlich der Märtyrer] Schändlichkeiten der zitierten Art. Aber muss man den Geschichten Ruinarts genauso glauben wie die *Apostelgeschichte*? Jene *Acta sincera* erzählen Jean Bolland ein Ereignis nach, das sich in der Stadt Ankyra zugetragen haben soll: Der dortige Statthalter Theodekt verurteilte sieben christliche Jungfrauen dazu, durch die Hände der jungen Männer Ankyras zu wandern. Nun war jede von ihnen ungefähr siebzig Jahre alt. Da diese Jungfrauen, wen wundert's, unangetastet blieben, zwang er sie, splitternackt bei den Mysterien der Diana zu dienen, an denen tatsächlich aber niemand ohne Schleier teilnehmen durfte. Der heilige Theodot war zwar eigentlich Gastwirt, was seinem religiösen Eifer jedoch keinen Abbruch tat. Theodot bat Gott inbrünstig, er möge diese heiligen Jungfrauen sterben lassen, damit sie nicht der Versuchung erlägen. Er wurde erhört. Der Statthalter ließ sie in einen See werfen, jede mit einem Stein um den Hals. Bald danach erschienen sie Theodot und baten ihn zu verhindern, dass ihre Körper von den Fischen gefressen würden. Dies waren ihre eigenen Worte.

Der heilige Schankwirt und seine Leute begaben sich in der Nacht zum Ufer des Sees, das von Soldaten bewacht wurde; eine himmlische Flamme ging ihnen ständig vorweg. Als sie dorthin kamen, wo die Wachen standen, attackierte ein himmlischer Ritter in voller Rüstung die Soldaten mit seiner Lanze und setzte den Fliehenden hinterher. Der heilige Theodot zog die Leichen der Jungfrauen aus dem See. Er wurde ergriffen, vor den Statthalter geführt und enthauptet, ohne dass der himmlische Ritter eingriff. Wir können nicht oft genug betonen: Wir verehren die wahren Märtyrer, aber es ist schwer, diese Geschichte zu glauben, die Bolland und Ruinart da vorbringen.

Soll man hier noch die Erzählung über den jungen heiligen Romanus anführen? Er wurde ins Feuer geworfen, berichtet Eusebius; ein paar Juden, die dabeistanden, verhöhnten Jesus Christus, der seine Bekenner brennen ließ, ganz anders als ihr Gott, der seinerzeit Sidrach, Misach und Abdenago aus dem glühenden Ofen rettete. Kaum hatten die Juden zu Ende geredet, da stieg der heilige Romanus siegreich vom Scheiterhaufen. Nun befahl der Kaiser, ihm die Strafe zu erlassen, und sagte zum Richter, er wolle keinen Streit mit Gott – sonderbare Worte für Diokletian! Der Richter aber, trotz der vom Kaiser verfügten Begnadigung, ordnete an, dass man dem heiligen Romanus die Zunge herausschneide; obwohl Henker anwesend waren, ließ er die Operation von einem Arzt durchführen. Der junge Romanus, der seit seiner Geburt gestottert hatte, redete jetzt, wo die Zunge entfernt war, mit Gewandtheit. Der Arzt erhielt einen Verweis. Um zu zeigen, dass er bei der Operation nach den Regeln der Kunst vorgegangen war, griff er sich einen Passanten und schnitt ihm genauso viel von dessen Zunge heraus, wie er dem heiligen Romanus herausgeschnitten hatte; der Passant starb auf der Stelle. Nicht erstaunlich, fügt der Autor in kundigem Ton hinzu, »lehrt uns doch die Anatomie, dass kein Mensch ohne Zunge leben kann«. Wahrhaftig, wenn Eusebius solchen Unsinn geschrieben und kein anderer es ihm untergeschoben hat – wie sehr kann man dann noch seiner *Kirchengeschichte* vertrauen?

In einer weiteren Märtyrergeschichte, die uns überliefert wurde, geht es um die heilige Felicitas und ihre sieben Söhne, die ausgerechnet der weise und fromme Antoninus in den Tod geschickt haben soll. Der Verfasser der Legende ist unbekannt.

Höchstwahrscheinlich hat hier irgendein Autor, der mehr Eifer als Wahrheitsliebe besaß, die Geschichte der Makkabäer nachahmen wollen. Der Text beginnt so: »Die heilige Felicitas war Römerin und lebte zur Herrschaftszeit des Antoninus«; bereits nach diesen Worten ist klar, dass der Autor kein Zeitgenosse der heiligen Felicitas war. Er sagt ferner, der Prätor habe das Urteil über sie und ihre Kinder auf dem Marsfeld gesprochen; der Präfekt Roms hielt sein Gericht aber auf dem Kapitol ab, nicht auf dem Marsfeld. An diesem Ort, der zuvor den Volksversammlungen gedient hatte, fanden damals Truppenparaden, Wettrennen und militärische Spiele statt. Schon diese Unrichtigkeit beweist den Schwindel.

Ferner soll, nachdem das Urteil gesprochen war, dessen Ausführung verschiedenen Richtern übertragen haben; dies aber widerspricht ganz und gar sämtlichen Formalitäten der damaligen Zeit, ja aller Zeiten.

Dann gibt es da einen heiligen Hippolyt, der von Pferden zerrissen worden sein soll wie Hippolytos, der Sohn des Theseus. Diese Hinrichtungsart kannten die alten Römer indes ganz und gar nicht. Offenbar hat allein die Ähnlichkeit des Namens zur Erfindung dieser Fabel geführt.

Man beachte auch, dass wir in den Märtyrerlegenden, die sämtlich von Christen stammen, immer wieder lesen, was die Christen in Rom alles durften: Sie hatten, das steht fast in jedem dieser Texte, freien Zugang zum Gefängnis eines Verurteilten und nutzten ihn scharenweise; sie folgten ihm zur Exekution, nahmen von seinem Blut, bestatteten seinen Leichnam und vollbrachten Wunder mit den Reliquien. Wären sie nur der Religion wegen verfolgt worden, hätte man nicht diese bekennenden Christen, die ihren verurteilten Brüdern Beistand leisten und denen man anlastete, mit den Resten der Märtyrerkörper Zauberei zu treiben, abgeschlachtet? Hätte man sie nicht behandelt wie wir die Albigenser, die Waldenser, die Hussiten und andere protestantische Sekten behandelten? Wir haben sie massenweise gemordet und verbrannt, ohne Rücksicht auf Alter und Geschlecht. Gibt es in den zuverlässigen Berichten über die Verfolgungen der Antike eine einzige Aktion, die der Bartholomäusnacht oder den Massakern in Irland nahekäme? Eine einzige, die dem jährlichen Fest gliche, das man immer noch in Toulouse feiert, einem grausigen Fest, das auf immer abgeschafft gehört, bei dem eine ganzes Stadtvolk sich dazu beglückwünscht, dass die Ahnen vor 200 Jahren 4000 Mitbürger umgebracht haben, und Gott für das Gelingen dankt?

Ich rede mit Grauen, aber ich rede wahr: Wir, wir Christen selbst waren Verfolger, Henker und Mörder! Und an wem? An unseren Brüdern. Wir haben, mit dem Kreuz oder der Bibel in der Hand, hundert Städte zerstört, wir haben nicht aufgehört, Blut zu vergießen und Scheiterhaufen zu entzünden, vom Regnum Konstantins bis hin zur Raserei der Kannibalen in den Cevennen, Rasereien, die, dem Himmel sei Dank, es heute so nicht mehr gibt.

Wir senden aber heute noch arme Menschen glaubenshalber an den Galgen, so im Poitou, im Vivarais, in Valence, in Montauban. Wir haben seit 1745 acht sogenannte *Prädikanten* oder *Diener des Evangeliums* gehängt; und ihre einzigen Verbrechen: Sie hatten, als sie zu Gott um das Wohl des Königs beteten, ihren ländlichen Dialekt benutzt und ein paar einfältigen Bauern einen Tropfen Wein und ein Stück gesäuertes Brot gereicht. Von solchen Dingen weiß man nichts in Paris, wo einzig das Vergnügen zählt und man keine Ahnung hat, was sich alles in der Provinz tut oder im Ausland. Diese Prozesse werden in einer Stunde durchgezogen, da dauert selbst das Richten eines Deserteurs länger. Erführe der König von diesen Vorgängen – er würde Gnade walten lassen.

Kein protestantisches Land behandelt so seine katholischen Priester. Es gibt ihrer in England und Irland über hundert; man kennt sie, und doch ließ man während des letzten Krieges ganz friedlich leben.

Wollen wir denn immer die Letzten sein, die die vernünftigen Ideen anderer Nationen annehmen? Sie haben sich korrigiert; wann korrigieren wir uns? Sechzig Jahre haben wir gebraucht, um anzuerkennen, was Newton lehrte. Erst seit jüngstem wagen wir, und noch recht zaghaft, unsere Kinder durch Impfung zu retten. Erst seit jüngstem praktizieren wir die richtigen Prinzipien des Ackerbaus; wann beginnen wir, die wahren Prinzipien der Menschlichkeit zu praktizieren? Woher nehmen wir die Frechheit, den Heiden Märtyrertum vorzuwerfen, wenn wir uns doch unter gleichen Umständen auch der gleichen Grausamkeit schuldig gemacht haben?

Gesetzt den Fall, die Römer haben tatsächlich viele Christen allein ihrer Religion wegen zu Tode gebracht: Dann handelten die Römer höchst verdammenswert. Wollen wir jetzt die nämliche Ungerechtigkeit begehen? Wollen wir ihnen Verfolgungen vorwerfen und selbst Verfolger sein?

Wenn nun jemand unredlich oder fanatisch genug sein sollte, um mir entgegenzuhalten: »Warum breiten Sie hier unsere Irrtümer und unsere Fehler aus? Was zerstören Sie unsere falschen Wunder und unsere falschen Legenden? Sie nähren bei nicht wenigen die Frömmigkeit; es gibt unentbehrliche Irrtümer; reißen Sie doch nicht ein tief eingewachsenes Geschwür aus einem Körper, das würde den ganzen Leib zerstören«, dann würde ich ihm Folgendes antworten:

All die falschen Wunder, durch die ihr den Glauben erschüttert, den die echten verdienen, all die absurden Legenden, die ihr den Wahrheiten des Evangeliums hinzusetzt, tilgen die Religion in den Herzen. Gar zu oft geschieht es, dass Menschen, die Näheres erfahren wollen, aber nicht die Zeit haben, genügend Näheres zu erfahren, schließlich sagen: »Die Lehrer meiner Religion haben mich betrogen; also gibt es keine Religion. Lieber werfe ich mich in die Arme der Natur als in die der Verirrung. Ich will lieber von den Gesetzen der Natur abhängen als von den Erdichtungen der Menschen.« Andere gehen unglücklicherweise noch weiter: Sie erkennen, dass Betrug sie gezügelt und gelenkt hat, und jetzt wollen sie nicht einmal mehr Zügel und Lenkung durch die Wahrheit; sie neigen sich dem Atheismus zu. So führen die Täuschereien und Grausamkeiten der einen zur Verderbtheit der anderen.

Dies sind ohne Frage die Folgen allen frommen Betrugs und aller abergläubischen Zusätze. Die Menschen denken gewöhnlich nur halb so viel nach, wie sie sollten. Es ist ganz und gar nicht gut argumentiert, wenn man sagt: Jacobus a Voragine, der Autor der *Legenda aurea* [der *Goldenen Legende*, d. Übers.] und der Jesuit Ribadeneyra, der Sammler der *Flos sanctorum* [*Blüte der Heiligen*, d. Übers.], haben nur Unfug erzählt; also gibt es keinen Gott. Die Katholiken haben eine gewisse Zahl Hugenotten umgebracht und die Hugenotten ihrerseits eine gewisse Zahl Katholiken; also gibt es keinen Gott. Man hat sich des Glaubens, der Kommunion und aller Sakramente bedient, um die abscheulichsten Verbrechen zu begehen; also gibt es keinen Gott. Ich würde im Gegenteil folgern: also gibt es einen Gott, der nach diesem flüchtigen Leben, in dem wir ihn so sehr verkannt und in seinem Namen so viele Verbrechen begangen haben, uns gnädig für all die grauenhaften Schrecklichkeiten Trost zusprechen wird. Denn bedenkt man die Religionskriege, die vierzig Schismen der Päpste, von denen fast jedes Blut kostete, die Schwindeleien, die sich fast alle unheilvoll auswirkten, den unversöhnlichen Hass, angestachelt durch unterschiedliche Meinungen – betrachtet man all diese Übel, die der falsche Eifer hervorbrachte, muss man feststellen: Die Menschen haben lange Zeit ihre Hölle schon hier auf Erden gehabt.

KAPITEL XI

Der Frevel der Intoleranz

Aber was doch! Soll jedem Bürger erlaubt sein, nur seiner Vernunft zu glauben und zu denken, was diese Vernunft, ist sie nun klar oder täuschungsverwirrt, ihm vorgibt? Ja, das sollte es in der Tat,[28] solange er nicht die öffentliche Ordnung stört. Denn es kommt nicht darauf an, ob ein Mensch glaubt oder nicht glaubt, sondern darauf, ob er die Gebräuche seines Vaterlandes achtet. Wenn ihr mir nun sagt, es sei ein Verbrechen, nicht an die herrschende Religion zu glauben, bezichtigt ihr doch selbst eure Urväter, die ersten Christen, und ihr rechtfertigt jene, die ihr anklagt, ihnen den Hinrichtungstod bereitet zu haben.

Ihr antwortet mir: Da gibt es einen großen Unterschied. Alle übrigen Religionen sind Menschenwerk, und allein die römisch-katholisch-apostolische Kirche ist das Werk Gottes. Aber im Ernst: Nur weil unsere Kirche göttlich ist – muss sie dann bei ihrer Herrschaft Hass, Raserei, Ausweisungen, Konfiskationen, Gefängnisse, Folterqualen und Morde einsetzen und Gott für Totschlägerei auch noch Dankbezeugungen erbringen? Je göttlicher die christliche Religion ist, desto weniger kommt es dem Menschen zu, darin zu bestimmen; wenn Gott sie gemacht, wird er schon ohne euch das Seine tun, sie zu erhalten. Ihr wisst doch, Intoleranz produziert nur Heuchler oder Rebellen; welch unheilvolle Alternative! Wollt ihr wirklich mit Henkern die Religion eines Gottes unterstützen, der durch Henker ums Leben kam und der selbst nur Sanftmut und Geduld gepredigt hat?

Bedenkt, ich bitte euch, die furchtbaren rechtlichen Folgen der Intoleranz. Wenn man einem Bürger, der nicht im gewünschten Grad und Umfang zu der offiziell gültigen Religion stände, Hab und Gut entziehen, wenn man ihn in den Kerker werfen, ja töten dürfte – welche Ausnahme sollte die Obersten des Staates vor denselben Strafen schützen? Hier verbindet die Religion den Monarchen mit dem Bettler. Immerhin haben über fünfzig Doktoren und Mönche die monströse Ansicht vertreten, man dürfe Regenten, die nicht wie die herrschende Kirche dächten, absetzen und auch töten. Die Parlamente des Königreichs werden seither nicht müde, die abscheulichen Stellungnahmen abscheulicher Theologen zu ächten.[29]

Das Blut Heinrichs des Großen dampfte noch, da erließ das Parlament von Paris schon ein Edikt, das die Unabhängigkeit der Krone als ein Grundgesetz festlegte. Kardinal Duperron, der Heinrich dem Großen seinen Purpur verdankte, machte sich in der Ständeversammlung 1614 gegen den Beschluss des Parlaments stark und sorgte dafür, dass er rückgängig gemacht wurde. Alle Zeitungen berichteten seinerzeit die Worte, derer sich Duperron in seiner Rede bediente: »Wenn ein Fürst zum Arianer würde, müsste man ihn selbstverständlich absetzen.«

Nein, gewiss nicht, Herr Kardinal. Nehmen wir einmal Ihre schimärische Unterstellung einen Moment lang für wahr, einer unserer Könige, wohlvertraut mit der Geschichte der Konzilien und der Kirchenväter und schwer betroffen von dem Bibelwort »Mein Vater ist größer als ich«, habe Letzteres gar zu wortwörtlich genommen und, zwischen dem Konzil zu Nikäa und dem Konzil zu Konstantinopel schwankend, sich schließlich für Eusebius von

Nikomedia entschieden. Selbst wenn das stimmt: Ich wäre meinem König nicht weniger gehorsam, würde mich weiter durch den Eid, den ich ihm geleistet habe, an ihn gebunden fühlen; und wenn Sie es wagen sollten, sich gegen ihn zu erheben, und ich wäre einer Ihrer Richter – ich würde Sie des Verbrechens der Majestätsbeleidigung schuldig sprechen.

Duperron trieb den Zank noch weiter, aber ich breche dessen Darstellung hier ab. Es ist hier nicht der Ort, seine abscheulichen Schimären zu vertiefen; nur eines möchte ich, gemeinsam mit allen Bürgern, kurz klarstellen: Nicht weil Heinrich IV. in Chartres gesalbt worden war, schuldete man ihm Gehorsam, sondern weil ein unbestreitbares Geburtsrecht diesem Fürsten die Krone gab, die er durch seinen Mut und seine Güte verdiente.

Dies wird man doch sagen dürfen: Jeder Bürger hat das Recht, die Güter seines Vaters zu erben; dies gilt für alle Bürger gleich, und es ist nicht einzusehen, dass jemand seines Erbguts beraubt und zum Galgen geschleppt zu werden verdient, weil er der Meinung des Ratram gegen Pafcasius Radbert oder des Berengar gegen Scotus zuneigt.

Wir wissen, dass unsere ganzen Dogmen nicht immer klar und eindeutig festgelegt und in unserer Kirche auch nicht immer allgemein angenommen worden sind. Da Jesus uns nicht gesagt, woher der Heilige Geist ausgeht, glaubte die lateinische Kirche, wie auch die griechische, lange Zeit, er gehe nur vom Vater aus; schließlich aber setzte sie dem Glaubensartikel hinzu, dass er auch vom Sohn ausgehe. Nun frage ich mich: Hätte man einen Bürger, der es am Tage nach dieser Entscheidung noch mit dem Artikel hielt, welcher bis vorgestern galt, für des Todes würdig erachtet? Und sind die Grausamkeit und die Ungerechtigkeit etwa geringer, wenn man heute jemanden bestraft, weil er denkt, wie man früher dachte? Machte sich zur Zeit Honorius' I. einer schuldig, wenn er glaubte, Jesus habe nicht zwei Willen gehabt?

Da wurde vor Kurzem die Lehre von der Unbefleckten Empfängnis aufgestellt. Die Dominikaner glauben noch nicht daran. Wie lange wird es dauern, bis die Dominikaner dafür Strafe verdienen, in dieser Welt und in der anderen?

Wenn wir von jemandem lernen können, wie wir uns in unseren endlosen Streitigkeiten verhalten sollten, dann gewiss doch von den Aposteln und den Evangelisten. Zwischen dem heiligen Paulus und dem heiligen Petrus hätte leicht ein vehementes Schisma entstehen können. Paulus sagt explizit in seinem *Brief an die Galater*, dass er Petrus einmal öffentlich und ins Gesicht widersprochen habe, weil Petrus verwerflich gehandelt hatte, weil er sich, wie Barnabas, der Verstellung bediente, weil sie mit Heiden zu Tische saßen, bevor Jakobus eintraf, und sich dann heimlich davonmachten, um den Beschnittenen kein Ärgernis zu geben. »Ich sah«, berichtet Paulus weiter, »dass sie nicht rechtschaffen nach dem Evangelium wandelten, und ich sagte – laut vor aller Augen und Ohren – zu Petrus: ›Wenn du, der du ein Jude bist, heidnisch lebst und nicht jüdisch, warum zwingst du dann die Heiden, jüdisch zu leben?‹«

Hier lag Anlass genug für einen heftigen Zwist. Es ging darum, ob die neuen Christen nach den Regeln der Juden leben sollten oder nicht. Paulus selbst opferte damals im Tempel von Jerusalem. Man weiß, dass die fünfzehn ersten Bischöfe von Jerusalem beschnittene Juden waren, die den

Sabbat heiligten und kein Fleisch anrührten, dessen Verzehr die alte Religion verbot. Heutzutage würde ein spanischer oder portugiesischer Bischof, der sich beschneiden ließe und den Sabbat einhielte, in einem *autodafé* verbrannt. Anders damals: Da war ein fundamentaler Streitpunkt, aber er störte weder den Frieden zwischen den Aposteln noch den zwischen den ersten Christen.

Wären die Evangelisten so gewesen wie die religiösen Autoren der Gegenwart – es stand ihnen ein geräumiges Schlachtfeld offen, auf dem sie einander hätten befehden können. Matthäus zählt von David bis hin zu Jesus 28 Generationen, Lukas dagegen kommt auf 41, und diese Geschlechterfolgen sehen zudem höchst verschieden aus. Dennoch hat es, soweit bekannt, um diese offensichtlichen Widersprüche keinerlei Zwistigkeiten unter den Anhängern gegeben, und mehrere Kirchenväter haben sich sehr erfolgreich bemüht, die Ungereimtheiten auszugleichen. Die *caritas* blieb unbeeinträchtigt und der Frieden gewahrt. Welche Lektion könnte uns besser lehren, verträglich in unseren Disputen zu sein und Demut in allen Bereichen zu üben, die wir nicht verstehen!

Paulus verwendet in seinem Römerbrief – einem Schreiben an einige in Rom ansässige Juden, die sich zum Christentum bekannt hatten – den gesamten Schluss des dritten Kapitels darauf, darzutun, dass nur der Glaube selig mache und gute Werke niemanden zum Gerechten machten. Jakobus dagegen sagt in seinem *Brief* an zwölf über die ganze Welt verstreute Stämme unablässig, dass es keine Rettung gibt ohne gute Werke (Kapitel 2). Dieser Dissens hat unser Christentum später in zwei Konfessionen geschieden, aber unter den Aposteln bewirkte er keine Spaltung.

Wenn die Verfolgung derer, mit denen wir disputieren, eine fromme Handlung sein sollte, dann ist unbestreitbar derjenige, der die meisten Ketzer hat umbringen lassen, später der größte Heilige im Paradies. Welch erbärmliche Figur wird da jemand machen, der seine Brüder nur ausgeplündert und in Kerkern versenkt hat, gegenüber einem Eiferer, der in der Bartholomäusnacht ihrer Hunderte massakrierte? Hier ein paar Belege.

Die Nachfolger des heiligen Petrus und ihr Konsistorium können nicht irren. Nun haben sie die Taten der Bartholomäusnacht gebilligt, gefeiert und glorifiziert. Also waren diese Taten höchstheilige Taten. Also muss von zwei gleich frommen Mördern, deren einer vierundzwanzig schwangeren Hugenottenfrauen den Leib aufriss, zur doppelten Glorie erhoben werden gegenüber jenem, der dies nur bei zwölfen schaffte. Ganz ähnlich mussten die Fanatiker während der Cevennenkriege glauben, dass sie umso höher in die Herrlichkeit aufstiegen, je mehr katholische Priester, Mönche und Frauen sie umbrächten. Das sind doch seltsame Voraussetzungen für die ewige Herrlichkeit.

KAPITEL XII

War die Intoleranz dem göttlichen Recht des Judentums gemäß, und wurde sie stets zur Anwendung gebracht?

»Göttliches Recht« heißen, soweit ich weiß, die Vorschriften, die Gott selbst gegeben hat. Er wollte, dass die Juden Lamm mit Lattich essen. Die Gäste sollten es im Stehen verzehren, einen Stab in der Hand zum Gedenken an den Auszug aus Ägypten. Er befahl, bei der Weihe des Hohepriesters diesem Blut an sein rechtes Ohr, auf seine rechte Hand und seinen rechten Fuß zu reiben – absonderliche Gebräuche für uns, aber nicht für die Antike. Er wollte, dass das Volk seine Missetaten auf den Bock *Asasel* ablud. Er bestimmte, was es nicht zu sich nehmen durfte: Fische ohne Schuppen, Schweine, Hasen, Igel, Habichte, Geier etc. [30]

Er verordnete Feste und Zeremonien. All diese Dinge, die sich bei anderen Nationen von selbst zu finden schienen und dem positiven Recht und den Gebräuchen unterworfen war, wurden bei den Juden, denen Gott selbst sie vorgab, zum göttlichen Recht, so wie alles, was Jesus Christus, Sohn der Maria und Sohn Gottes, uns gebot, für uns göttliches Recht ist.

Wir wollen hier keineswegs untersuchen, warum Gott das Gesetz, das er Moses gegeben hatte, durch ein neues ersetzte und warum er Moses mehr befahl als Erzvater Abraham und Abraham mehr als Noah.[31] Vielleicht geruhte er sich nach den Zeiten und dem Anwachsen des Menschengeschlechts zu richten; er ging womöglich, wie ein Vater, stufenweise je nach der Entwicklung seiner Kinder vor. Aber diese Abgründe sind für unser schwaches Sehvermögen zu tief. Halten wir uns innerhalb der Grenzen unseres Themas und betrachten wir, welche Rolle die Intoleranz bei den Juden spielte.

Wohl wahr: Das zweite, dritte, vierte und fünfte Buch Mose erwähnt sehr harte Gesetze in Kultangelegenheiten und noch härtere Strafen. Nicht wenige Kommentatoren haben Mühe, die Berichte des Moses mit bestimmten Stellen bei Jeremias und mit der berühmten Rede des Stephanus aus der Apostelgeschichte in Einklang zu bringen. Laut Amos[32] haben die Juden in der Wüste immer noch den Moloch, Remphan und Chium angebetet. Jeremias sagt ausdrücklich,[33] Gott habe von ihren Vätern, als sie aus Ägypten zogen, kein Opfer verlangt. Der heilige Stephanus äußert sich in seiner Rede an die Juden so: »Sie beteten zum Heer der Gestirne; sie brachten während ihrer vierzig Jahre in der Wüste weder Schlacht- noch Speiseopfer dar. Sie trugen den Schrein des Gottes Moloch und den Stern ihres Gottes Remphan.«[34]

Andere Deuter schließen aus der Tatsache, dass so viele fremde Götter verehrt werden konnten, Moses habe diese geduldet; zum Beweis führen sie folgende Worte des fünften Buches Mose an:[35] »Wenn ihr einst ins Land Kanaan kommt, werdet ihr nicht mehr handeln, wie wir heute handeln, wo jeder tut, was ihm gut dünkt.«[36]

Sie stützen ihre Meinung darauf, dass nirgends von einem religiösen Akt des Volkes in der Wüste die Rede ist. Passah- und Pfingstfeiern finden keine Erwähnung, ebenso wenig das Laubhüttenfest. Man führte auch kein öffentliches Beten ein; nicht einmal die Beschneidung, das Siegel des Bundes zwischen Gott und Abraham, wurde noch praktiziert.

Ferner berufen sich jene Kommentatoren auf die Geschichte Josuas. Dieser Eroberer sprach zu den Juden: »Ihr habt die Freiheit der Entscheidung. Wählt, wen ihr verehren wollt: die Götter, denen eure Väter gedient haben jenseits des Stroms, oder die Götter der Amoriter, in deren Land ihr lebt.« Das Volk antwortete: »Das sei fern von uns. Wir dienen nur Adonai.« Josua erwiderte: »Ihr habt selbst gewählt. So werft denn die fremden Götter von euch.«[37] Es gab also unbestreitbar unter Moses noch andere Götter außer Adonai.

Es wäre gänzlich verlorene Mühe, hier die Kritiker zu widerlegen, die bezweifeln, dass Moses den Pentateuch selber geschrieben hat. Zu dieser Frage ist längst alles gesagt. Und sogar wenn irgendein kleiner Teil der Bücher Mose erst zu den Zeiten der Richter oder der Könige verfasst worden sein sollten, wären sie darum nicht minder inspiriert und nicht minder göttlich.

Es genügt, meine ich, wenn wir aus der Heiligen Schrift selbst beweisen, dass die Juden sich – ungeachtet der gewaltigen Strafe, die sie wegen ihres Apis-Kultes ereilte – lange Zeit eine volle Religionsfreiheit bewahrten. Moses ließ wegen des Goldenen Kalbs, das sein Bruder errichtet hatte, dreiundzwanzigtausend Israeliten hinmetzeln. Aber vielleicht hat gerade dieses Massaker Moses zur Einsicht gebracht, dass man durch Härte nichts gewinnt, und er sah sich gezwungen, vor dem leidenschaftlichen Hang seines Volkes zu fremden Göttern die Augen zu verschließen.

Er selbst scheint bald darauf sein eigenes Gesetz übertreten zu haben.[38] Da verbietet er erst jegliches Bildwerk – und gibt dann die Errichtung einer ehernen Schlange in Auftrag. Die gleiche Ausnahme vom Gesetz auch später im Tempel Salomons: Dieser Fürst lässt zwölf Ochsen gießen, die das große Becken des Tempels stützen. Die Bundeslade wiederum zieren Cherubim mit Adlerflügeln und Kalbsköpfen. Vermutlich war es ein schlecht gearbeitetes Kalbskopf-Exemplar, das römische Soldaten im Tempel fanden und das für lange Zeit die Ansicht nährte, die Juden hätten Esel angebetet.

Vergebens wird die Verehrung fremder Götter verboten. Salomon betreibt in aller Ruhe Götzendienst. Jerobeam, dem Gott zehn Teile des Reiches gab, lässt zwei goldene Kälber aufstellen; er regiert zweiundzwanzig Jahre, wobei er in sich die Würden eines Monarchen und eines Hohepriesters vereint. Das kleine Königreich Juda errichtet unter Rehabeam fremden Göttern Altäre und Bildsäulen. Der fromme König Asa zerstörte keine sakralen Stätten.[39] Der Hohepriester Urias errichtet im Tempel an der Stelle des Altars für Brandopfer einen Altar für den König von Syrien.[40] Kurz: nirgendwo eine bedrängte Religionsrichtung. Ich weiß wohl, dass immer einmal wieder ein jüdischer König einen anderen vertrieb oder gar ermordete, aber dies geschah stets nur aus Eigennutz und nicht aus Glaubensgründen.

Unter den Propheten gab es allerdings einige, die sich gewaltsam rächten und sogar den Himmel bewogen, ihnen dabei Hilfe zu leisten.[41] Elias ließ Feuer vom Himmel fallen, das die Priester des Baal verzehrte. Elisa rief Bären herbei und hieß sie zweiundvierzig Kinder fressen, die ihn »Kahlkopf« genannt hatten. Aber das sind seltene Wunderwerke und obendrein Handlungen, die man nicht ohne Weiteres nachmachen kann.

Man hält uns ferner entgegen, dass die Juden ein höchst unwissendes und barbarisches Volk gewesen seien. Laut der Schrift[42] hat Moses während des Krieges gegen die Midianiter[43] befohlen, alle männlichen Kinder und alle Mütter zu töten und die Beute zu teilen. Die Sieger fanden 675 000 Schafe, 72 000 Ochsen, 61 000 Esel und 32 000 junge Mädchen. Man teilte untereinander, und was übrig blieb, wurde umgebracht. Mehrere Kommentatoren behaupten sogar, dass 32 Mädchen den Opfertod starben: *Cesserunt in partem Domini triginta duae animae* – »Sie [die Israeliten, d. Übers.] traten dem Herrn ihrer zweiunddreißig als seinen Anteil ab«.

Tatsächlich haben die Juden ihrer Gottheit Menschenopfer dargebracht. Nennen wir exemplarisch das Opfer Jephthahs,[44] und den König Agag, der vom Priester Samuel in Stücke gehauen wurde.[45] Ezechiel will den Kämpfern sogar Mut machen, indem er ihnen den Verzehr menschlichen Fleisches verspricht: »Ihr sollt«, sagt er, »Ross und Reiter essen und werdet trinken das Blut der Fürsten.« Mehrere Kommentatoren beziehen zwei dieser Prophezeiungen auf die Juden selbst, die übrigen auf fleischfressende Tiere. Es findet sich in der ganzen Geschichte dieses Volkes keinerlei Großmut, Hochherzigkeit und Güte; und doch dringen durch die Wolke dieser langen und fürchterlichen Barbarei immer wieder Strahlen einer universellen Toleranz.

Jephthah, der in seiner Begeisterung für Gott diesem sogar seine Tochter geopfert hatte, spricht zum König der Ammoniter: »Was Euer Gott Kamos euch gegeben hat – gehört Euch das nicht zu Recht? Dann lasst auch zu, dass wir das Land nehmen, das Gott uns verheißen hat.« [46] Diese Aussage ist deutlich und kann ziemlich schwerwiegende

Konsequenzen haben. Immerhin aber beweist sie evident, dass Gott Kamos duldete. Denn die Heilige Schrift sagt nicht: »Ihr glaubt, ein Recht zu haben auf das Land, das Ihr angeblich von dem Gotte Kamos erhalten habt«; sie sagt eindeutig: »Es gehört Euch zu Recht« – *tibi jure debentur*, und das ist auch genau der Sinn der hebräischen Worte *otho thirasch*.

Die Geschichte von Micha und dem Leviten, die das Buch der Richter erzählt (Kapitel 17 und 18), beweist ebenfalls klar und unstreitig, welch große Toleranz und Religionsfreiheit damals also bei den Juden herrschte. Die Mutter Michas, eine sehr reiche Frau aus dem Stamme Ephraim, hatte elfhundert Silberlinge verloren; ihr Sohn brachte sie ihr wieder. Sie weihte das Geld dem Herrn; aus einem Teil davon ließ sie Götzenbilder machen, mit einem weiteren eine kleine Kapelle bauen. Ein Levite versah den Dienst in der Kapelle und erhielt dafür zehn Silberlinge jährlich, einen Rock, einen Mantel und seinen Unterhalt. Und Micha rief: »Jetzt wird Gott mir Gutes erweisen, da ich einen Priester vom Stamme Levi bei mir habe.«[47]

Es waren indessen jedoch sechshundert Männer vom Stamme Dan unterwegs, die sich einer bestimmten Stadt des Landes bemächtigen wollten, um sich dort niederzulassen. Freilich hatten sie keinen levitischen Priester bei sich; den brauchten sie aber, damit Gott ihre Unternehmung begünstigte. Also gingen sie zu Micha, nahmen ihm sein Obergewand, seinen Götzen und seinen Leviten trotz der Ermahnungen des Priesters und der Schreie Michas und dessen Mutter fort. Nun begaben sie sich zuversichtlich zu der Stadt namens Lais und verheerten dort alles mit Feuer und Schwert, ganz nach ihrer Gewohnheit. Zum Gedenken an ihren Sieg benannten sie Lais in Dan um. Michas Götzen setzten sie auf einen Altar. Und was noch erheblich bemerkenswerter ist: Jonathan, Moses' Enkel, wurde der Hohepriester dieses Tempels, in dem man nun den Gott Israels *und* den Götzen Michas anbetete.

Nach dem Tod Gideons beteten die Hebräer fast zwanzig Jahre lang zu Baalberith; von der Verehrung des Adonai kehrten sie sich ab, ohne dass ein Oberhaupt, ein Richter oder ein Priester nach Rache geschrien hätte. Ihre Verfehlung war gewaltig, ich gebe es zu; aber wenn sogar diese Abgötterei Duldung erfuhr – wie viel mehr musste dies für die Verschiedenheiten in der Verehrung des wahren Gottes gelten!

Einige führen als Beleg von Intoleranz das Verhalten des jüdischen Gottes selbst im Zusammenhang mit der Bundeslade an. Nach einer Schlacht nahmen die Philister seine Bundeslade mit sich, und Gott ließ es zu. Die Strafen für die Philister hielten sich in Grenzen: Er schlug sie mit einer geheimnisvollen Krankheit, die einem Hämorrhoidalleiden ähnelte, stürzte die Statue des Dagon und sandte ihnen eine große Menge Mäuse in ihre Felder. Nachdem die Philister aber, um seinen Zorn zu besänftigen, die Bundeslade, bespannt mit zwei säugenden Kühen, zurückgeschickt und Gott obendrein fünf goldene Mäuse und fünf goldene Gesäßgeschwüre dargebracht hatten, ließ der Herr unter den Israeliten siebzig Älteste und fünfzigtausend aus dem übrigen Volke sterben, weil sie die Bundeslade angeschaut hatten. Dem Einwurf, hier sei Intoleranz im Spiel, wäre zu entgegnen, dass die Züchtigung durch den Herrn weder einen Glauben noch die Verschiedenheit der Kultgebräuche noch die Abgötterei betraf.

Hätte der Herr die Abgötterei bestrafen wollen, so hätte er alle Philister zu Tode gebracht, die es gewagt hatten, seine Bundeslade wegzunehmen und Dagon anzubeten. Stattdessen brachte er fünfzigtausendsiebzig aus seinem eigenen Volk zu Tode, nur weil sie seine Bundeslade angeschaut hatten, die sie nicht anschauen durften. So sehr unterscheiden sich die Gesetze und Sitten jener Zeit sowie die damalige Verfassung der Juden von allem, was wir kennen; so hoch sind die unerforschlichen Wege Gottes über den unsrigen. »Die äußerste Härte gegenüber einer so großen Zahl an Menschen«, sagt der verständige Dom Calmet, »dürfte nur denen übermäßig erscheinen, die nicht begriffen haben, wie Gott von seinem Volke geachtet und gefürchtet sein wollte, und die die Sichtweisen und Pläne Gottes nur nach den schwachen Möglichkeiten ihres Verstandes beurteilen«.

Gott bestrafte also keinen fremden Kult, sondern eine Entweihung des seinen, eine zudringliche Neugierde, einen Ungehorsam, vielleicht sogar einen Geist der Revolte. Man versteht wohl, dass solche Züchtigungen nur einem Gott zukamen, wie ihn die jüdische Theokratie verstand. Es kann gar nicht oft genug wiederholt werden, dass die damaligen Zeiten und Sitten mit den unseren nicht vergleichbar sind.

Als später der Götzendiener Naaman den Elisa fragte, ob er seinem König in den Tempel des Remnon folgen *und dort mit ihm beten dürfe* – antwortete ihm da nicht derselbe Elisa, der zuvor die Kinder von den Bären hatte fressen lassen: *Gehe in Frieden*?[48]

Damit nicht genug. Der Herr befahl Jeremias, sich einen Strick, einen Eisenring und ein Joch um den Hals zu legen[49] und diese Dinge auch an die Oberhäupter der kleinen Königreiche Moab, Ammon, Edom, Tyr und Sidon zu senden. Gott sagt ihnen durch den Mund des Jeremias: »Ich habe alle eure Länder Nebukadnezar gegeben, dem König von Babel, meinem Knecht.«[50] Hier wird also ein König, der Götzen verehrt, zum Diener und Liebling Gottes erklärt.

Derselbe Jeremias, den der kleine jüdische König Sedekia in den Kerker hatte werfen lassen, rät diesem, nachdem er begnadigt wurde, im Namen Gottes, sich dem König von Babel zu ergeben: »Wenn Ihr Euch seinen Hauptleuten ergebt«, sagt er, »wird Eure Seele leben«.[51] Gott ergreift also letzten Endes Partei eines götzenanbetenden Königs. Er überlässt ihm die Bundeslade, deren bloßer Anblick fünfzigtausendsiebzig Juden das Leben gekostet hatte. Er überlässt ihm ebenso das Allerheiligste und den Rest des Tempels. Um diesen Tempel zu bauen und einzurichten, waren seinerzeit hundertachttausend Goldtalente, eine Million siebzehntausend Silbertalente und zehntausend Golddrachmen erforderlich. David und seine Leute hatten diese Mittel für den Bau des Hauses des Herrn hinterlassen. Die Summe des Aufgewendeten beträgt, sieht man von dem Geld ab, das Salomon noch dazugab, nach heutiger Währung etwa neunzehntausend Milliarden und zweiundsechzig Millionen Livres. Nie wurde Abgötterei besser entlohnt. Ich weiß wohl, dass diese Rechnung übertrieben ist; wahrscheinlich liegt ein Kopistenfehler vor. Aber nehmen wir die Summe nur zur Hälfte, zu einem Viertel oder sogar nur zu einem Achtel – sie macht einen immer noch schwindeln. Sie setzt ebenso in Erstaunen wie die Reichtümer, die Herodot im Tempel von Ephesos gesehen haben will. Aber irdische Kostbarkeiten sind ja nichts in den Augen Gottes, und der Titel eines Dieners, den er Nebukadnezar gibt, ist die wahre, unschätzbare Kostbarkeit.

Gott begünstigt nicht weniger jenen *Kir* oder *Koresch* oder *Kosroes*, der bei uns *Cyrus* heißt.[52] Er nennt ihn *seinen Christ, seinen Gesalbten*, obwohl er in der gewöhnlichen Bedeutung des Wortes gar nicht gesalbt war und der Religion des Zoroaster anhing. Gott nennt ihn *seinen Hirten*, obwohl er nach dem Urteil der Menschen ein Thronräuber war. In der ganzen Heiligen Schrift erntet niemand ein größeres Zeichen der Wertschätzung Gottes.

Bei Maleachi finden wir, »dass vom Aufgang bis zum Sinken der Sonne Gottes Namen unter allen Völkern groß ist und dass man ihm überall reine Opfer darbringt«. Gott sorgt für die abgötternden Niniviten wie für die Juden. Er bedroht sie, und er verzeiht ihnen. Melchisedek war kein Jude und dennoch Hohepriester Gottes. Balaam, ein Götzendiener, war Prophet.

Die Schrift lehrt uns also, dass Gott nicht nur alle anderen Völker duldete, sondern auch väterliche Sorge für sie trug. Und da wagen wir, intolerant zu sein!

KAPITEL XIII

Extreme Toleranz der Juden

So finden wir denn unter Moses, unter den Richtern, unter den Königen fortwährend Beispiele von Toleranz. Aber damit nicht genug: Moses sagt verschiedene Male, dass Gott die Missetaten an den Kindern sühne bis ins vierte Glied.[53] Diese Drohung war notwendig bei einem Volke, dem Gott weder die Unsterblichkeit der Seele noch die Strafen und Belohnungen im anderen Leben offenbart hatte. Diese Wahrheiten verkündeten ihnen weder die Zehn Gebote noch irgendeines der Gesetze im dritten und fünften Buch Mose. Die Perser hatten sie wohl in ihren Dogmen, auch die Babylonier, die Ägypter, die Griechen und die Kreter; aber innerhalb der Religion der Juden spielten sie keine Rolle. Moses sagt nicht: »Ehre Vater und Mutter, wenn du in den Himmel kommen willst«, sondern: »Ehre Vater und Mutter, auf dass du lange lebest auf Erden.« Er droht ihnen nur mit körperlichen Plagen,[54] mit der trockenen und der eitrigen Krätze, mit bösartigen Geschwüren in Knien und Waden. Sie sollen der Untreue ihrer Weiber ausgesetzt sein, sie sollen bei Fremden auf Wucher borgen müssen, selbst aber nicht auf Wucher leihen können; sie sollen vor Hunger vergehen und ihre eigenen Kinder verzehren. Nirgends jedoch sagt er ihnen, dass ihre unsterblichen Seelen nach dem Tode entweder Qualen leiden oder in Seligkeiten schwelgen werden. Gott, der damals sein Volk noch selbst leitete, bestrafte oder belohnte dieses unmittelbar, nachdem es die gute oder böse Tat begangen hatte. Alles war bei ihnen zeitlich; und diese Wahrheit nutzt Warburton aus, um zu beweisen, dass das Gesetz der Juden göttlich gewesen sei:[55] Denn Gott, der noch selbst ihr König war und Gerechtigkeit unverzüglich nach der Übertretung oder dem Gehorsam folgen ließ, hatte es nicht nötig, ihnen eine Lehre zu offenbaren, die er sich für die Zeit aufsparte, da er sein Volk nicht mehr unmittelbar regierte. Diejenigen, die aus Unwissenheit behaupten, Moses habe die Unsterblichkeit der Seele gelehrt, nehmen dem Neuen Testament einen wichtigen Vorzug gegenüber dem Alten. Es steht fest, dass das Gesetz des Moses nur zeitliche Züchtigungen bis hinein ins vierte Glied verkündigte. Indessen, trotz der eindeutigen Aussage dieses Gesetzes, trotz der bestimmten Erklärung Gottes, er wolle bis ins vierte Glied strafen, verkündet Ezechiel den Juden das glatte Gegenteil und sagt ihnen,[56] dass der Sohn nicht für die Missetat des Vaters büßen müsse. Er geht sogar so weit, Gott von sich selbst sagen zu lassen, er habe ihnen einst »Anweisungen gegeben,[57] die nicht gut gewesen seien«.[58]

Das Buch Ezechiel wurde trotzdem in den Kanon der von Gott eingegebenen Schriften integriert. Zwar erlaubte die Synagoge dessen Lektüre, wie der heilige Hieronymus uns berichtet, den Gläubigen erst ab dem dreißigsten Lebensjahr; man fürchtete, dass die Jugend von den allzu naturnahen Darstellungen, welche die Kapitel 16 und 23 den Ausschweifungen der Schwestern Ohola und Oholiba widmen, falschen Gebrauch machen könnten. Kurz, sein Buch wurde immer noch aufgenommen, obwohl es dem, was bei Moses steht, eindeutig widerspricht.

Irgendwann – erste Tendenzen dazu kamen wohl während der babylonischen Gefangenschaft auf – wurde die Unsterblichkeit der Seele schließlich als Dogma eingeführt.[59] Wobei die Sekte der Sadduzäer darauf zu glauben beharrte, dass es nach dem Tode weder Lohn noch Strafe gebe; wenn der Leib das Zeitliche gesegnet habe, so meinten sie, könne er nicht mehr empfinden und denken, und auch mit aktive Kräfte erfordernden Vorgängen wie Gehen und Verdauen sei es dann vorbei. Sie leugneten die Existenz der Engel. Sie unterschieden sich viel mehr von den anderen Juden, als Protestanten sich von den Katholiken unterscheiden. Nichtsdestoweniger blieben sie in der Gemeinschaft ihrer Brüder; Mitglieder ihrer Sekte konnten sogar Hohepriester werden.

Die Pharisäer vertraten den Fatalismus[60] und glaubten an Seelenwanderung[61]. Die Essener vermeinten, die Gerechten kämen nach dem Tode auf die Inseln der Glückseligen[62] und die Bösen in eine Art Tartarus. Sie brachten keine Opfer dar und versammelten sich in einer eigenen Synagoge.

Kurz gesagt: Wenn man das Judentum aus der Nähe betrachtet, so kann man nur staunen über das gewaltige Ausmaß an Toleranz inmitten barbarischster Gräuel. Eine Paradoxie, gewiss, aber die meisten Völker sind von Paradoxien regiert worden. Glücklich ein Widerspruch, der sanfte Sitten bildet, wo blutige Gesetze herrschen!

KAPITEL XIV

Hat Christus Intoleranz gelehrt?

Prüfen wir nun: Hat Christus selbst blutrünstige Gesetze vorgegeben? Hat er Intoleranz befohlen, wollte er die Kerker der Inquisition und Autodafés mit Henkern?

Es gibt, wenn ich mich nicht irre, nur wenige Stellen in den Evangelien, aus denen der Verfolgungsgeist schließen könnte, dass Intoleranz und Zwang legitim seien. Die eine ist das Gleichnis, in dem das Himmelreich mit einem König verglichen wird, der Gäste zur Hochzeit seines Sohnes lädt.[63] Der Monarch lässt ihnen durch seine Diener ausrichten: »Meine Ochsen und mein Geflügel sind geschlachtet; alles ist bereit; kommt nur zur Hochzeitsfeier.« Die meisten aber kümmern sich nicht um die Einladung; die einen gehen in ihre Landhäuser, die anderen an ihre Geschäfte. Wieder andere misshandeln die Knechte des Königs oder töten sie sogar. Da lässt der König seine Heere wider diese Mörder ausrücken und ihre Stadt zerstören. Nun schickt der König seine Knechte auf die Landstraßen aus und befiehlt, alles zum Fest zu laden, was sich da fände. Einer von jenen hatte sich an den Tisch gesetzt, ohne ein hochzeitliches Gewand zu tragen. Der König ließ ihn in Ketten schlagen und in die tiefe Dunkelheit hinauswerfen.

Es ist klar, dass sich diese Allegorie nur auf das Himmelreich bezieht; daher darf sicherlich niemand aus der Geschichte das Recht ableiten, seinen Nachbarn zu würgen oder in den Kerker zu werfen, nur weil der zum Abendessen gekommen ist und nicht passend angezogen ist, indem er kein Hochzeitsgewand trägt. Ich kenne auch in der gesamten Geschichte keinen Fürsten, der einen Höfling aus einem solchen Grunde hätte hängen lassen. Ebenso wenig muss man befürchten, dass, wenn ein Kaiser sein Mastvieh hat schlachten lassen und seine Pagen an die Fürsten seines Reiches aussendet, um sie zum Essen einzuladen, diese Fürsten jene Pagen dann töten. Die Einladung zum Festmahl bedeutet die Verkündigung des Heils; der Mord an den Abgesandten des Fürsten symbolisiert die Verfolgung derer, die Weisheit und Tugend predigen.

Eine andere Stelle[64] ist das Gleichnis von einem Mann, der seine Freunde zu einem großen Abendessen einlädt. Als er so weit ist, zu Tisch zu gehen, sendet er seinen Diener aus, den Betreffenden Bescheid zu sagen. Der eine entschuldigt sich damit, dass er einen Acker gekauft habe und ihn jetzt besehen müsse; diese Entschuldigung wirkt nicht glaubwürdig, denn wenn man einen Acker beschaut, dann bestimmt nicht in der Nacht. Ein anderer gibt vor, er habe fünf Paar Ochsen gekauft und müsse nun prüfen, ob mit ihnen alles in Ordnung ist; eine ebenso fadenscheinige Begründung, denn wenn man Ochsen prüft, dann wohl kaum zur Abendessenszeit. Ein Dritter antwortet, er habe gerade geheiratet; diese Absage immerhin ist durchaus akzeptabel. Der Hausvater ergrimmt und lässt zu seinem Mahle Blinde und Lahme kommen, und als er sieht, dass trotzdem noch Plätze leer geblieben sind, sagt er zu seinem Knecht: »Gehe auf die Landstraßen und an die Zäune und nötige die Leute hereinzukommen.«

Zwar wird in diesem Falle nicht ausdrücklich klargestellt, dass diese Parabel ein Bild für das Himmelreich sein soll. *Nötige die Leute hereinzukommen* – diese Worte wurden nur gar zu oft missbraucht. Aber es ist doch wohl einsichtig, dass ein einziger Knecht nicht alle Leute, denen er begegnet, gewaltsam zwingen kann, bei seinem Herrn zu speisen. Zudem würde solchermaßen herbeigepressten Gästen das Essen wohl nicht besonders schmecken. *Nötige sie einzutreten* heißt laut den glaubwürdigsten Kommentatoren lediglich: fleht, beschwört, drängt, setzt euch durch. Was haben nun, möchte ich wissen, dieses Bitten und dieses Gastmahl mit Verfolgen zu tun?

Soll man denn alles wortwörtlich nehmen? Muss man also blind, lahm und mit Gewalt getrieben sein, um in den Schoß der Kirche zu gelangen? Jesus sagt im selben Gleichnis: »Wenn du ein Mahl machst, lade nicht deine Freunde noch deine Verwanden ein, so sie reich sind.« Hat je irgendwer daraus gefolgert, man dürfe nicht mit seinen Verwandten und Freunden speisen, wenn sie ein wenig Vermögen haben?

Nach dem Gleichnis vom Gastmahl spricht Jesus[65]: »Wenn jemand zu mir kommt und hasst nicht Vater, Mutter, Brüder, Schwestern und sogar sein eigenes Leben, dann kann er nicht mein Jünger sein etc.«; und etwas später sagt er noch: »Wer aber ist unter euch, der einen Turm bauen will und nicht vorher die Kosten überschlägt?« Kann wohl jemand widernatürlich genug sein, daraus zu schließen, man solle Vater und Mutter hassen? Versteht man nicht leicht, dass diese Worte bedeuten: »Schwankt nicht zwischen mir und euren Lieblingsneigungen?«

Auch angeführt wird eine Stelle beim heiligen Matthäus: »Hört jemand nicht auf die Gemeinde, so sei er wie ein Heide oder ein Zöllner.«[66] Das heißt ganz und gar nicht, man solle die Heiden und die königlichen Zollpächter verfolgen; verflucht werden sie zwar, aber sie werden nicht der weltlichen Gewalt ausgeliefert. Statt den Zollpächtern irgendwelche ihrer bürgerlichen Vorrechte zu beschneiden, hat man ihnen die größten Privilegien gegeben. Ihr Stand ist der einzige von der Schrift verdammte und der von Regierungen meistbegünstigte. Warum sollten wir unsere irrenden Brüder nicht mit ebenso viel Milde behandeln, wie wir unseren Pachtnehmerbrüdern Achtung entgegenbringen?

Eine andere Erzählung, die man gröblichst missverstanden und missbraucht hat, findet sich bei Matthäus und Markus: Jesus hatte eines Morgens Hunger und ging hin zu einem Feigenbaum, der aber nur Blätter trug, denn es war gerade nicht die Zeit der Feigen. Jesus verfluchte den Feigenbaum, der daraufhin sofort verdorrte.

Es gibt mehrere verschiedene Auslegungen dieses Wunders; aber ist eine einzige darunter, die Verfolgung autorisiert? Ein Feigenbaum konnte keine Feigen liefern, weil es eben gerade Anfang März war; dafür musste er verdorren. Sollen wir deshalb unsere Brüder zu allen Jahreszeiten vor Schmerzen verdorren lassen? Begegnen wir doch dem, was unserem neugierigen und eitlem Verstande Schwierigkeiten bereitet, mit Ehrfurcht, aber missbrauchen wir es nicht dazu, hart und unnachsichtig zu sein.

Der Verfolgungsgeist, der alles missbraucht, sucht außerdem zu rechtfertigen, indem er auf die Vertreibung der Händler aus dem Tempel verweist sowie auf die Legion von Teufeln, die aus dem Körper eines Besessenen in die Körper von zweitausend widerwärtigen Tieren gejagt wurden. Aber es ist doch offensichtlich: In beiden Fällen geschah nichts anderes, als dass Gott geruhte, Gerechtigkeit zu vollziehen an den Übertretern seines Gesetzes. Es war respektlos gegenüber dem Haus des Herrn, seinen Vorhof in einen Marktplatz zu verwandeln. Da änderte nichts, dass die Priester und der Sanhedrin diesen Handel erlaubt hatten; er diente der Bequemlichkeit der Pilger [die so unmittelbar am Tempel Opfertiere kaufen konnten, d. Übers.]. Der Gott, dem man diese Opfer darbrachte, besaß zweifellos das Recht, dieser Entweihung ein gewaltsames Ende zu bereiten, wiewohl in Menschengestalt verborgen. Ebenso stand es ihm zu, jene zu bestrafen, die ganze Tierherden durch das Land führten, obwohl dies durch ein Gesetz verboten war, dessen Einhaltung er selbst zu überwachen geruhte. Diese Fälle haben nicht das Geringste zu tun mit Verfolgungen um eines Dogmas willen. Der Geist der Intoleranz muss wohl sehr schlechte Gründe als Fundament haben, sonst käme er nicht immer wieder mit fadenscheinigen Vorwänden an, die er überall sucht.

Fast alle übrigen Reden und Handlungen Jesu Christi predigen Sanftmut, Geduld und Milde. Er zeigt uns den Hausvater, der seinen verlorenen Sohn wieder aufnimmt; den Arbeiter, der immer zur letzten Stunde kommt, aber bezahlt wird wie die anderen; den barmherzigen Samariter. Er selbst rechtfertigt, dass seine Jünger nicht fasten; er vergibt der Sünderin; er begnügt sich damit, der Ehebrecherin nahezulegen, fortan treu zu sein; er lässt sich sogar herab, an den unschuldigen Freuden der Hochzeit zu Kanaan teilzunehmen, und als die schon durch den Wein erhitzten Gäste noch mehr davon verlangen, tut er bereitwillig ihnen zu Gefallen ein Wunder und verwandelt Wasser in Wein.

Er bricht nicht einmal gegen Judas in Zorn aus, dessen Verrat er ahnt; er befiehlt Petrus, nie zum Schwert zu greifen; er tadelt die Söhne des Zebedäus, die nach dem Beispiel des Elias Feuer auf eine Stadt niedergehen lassen wollen, welche sich geweigert hatte, ihn zu beherbergen.

Jesus stirbt letzten Endes als Opfer des Neides. Wenn man Heiliges mit Weltlichem und einen Gott mit einem Menschen zu vergleichen wagt, so hat sein Tod, eben vom rein Menschlichen her betrachtet, viel Ähnlichkeit mit dem Ende des Sokrates. Der griechische Philosoph fiel dem Hasse der Sophisten, der Priester und der Ersten seines Volkes zum Opfer; der Gesetzgeber der Christen erlag dem Hasse der Schriftgelehrten, der Pharisäer und der Priester. Sokrates hätte dem Tode entgehen können, wollte dies aber nicht; Christus gab sich freiwillig hin. Der griechische Philosoph verzieh nicht nur seinen Verleumdern und seinen ungerechten Richtern; sondern ersuchte sie sogar, dass sie dereinst seine Kinder so behandeln mögen wie ihn, wenn diese das Glück hätten, den Hass seiner Verfolger genauso zu verdienen wie er. Der Gesetzgeber der Christen, unendlich erhabener, bat seinen Vater, seinen Feinden zu verzeihen.

Wenn Christus den Tod zu fürchten schien, wenn die Angst, die er empfindet, so stark wurde, dass er blutigen Schweiß absonderte – ein äußerst heftiges und seltenes Symptom –, bedeutete dies, dass er sich aller Schwäche des menschlichen Körpers unterwarf, den er angenommen hatte. Sein Körper zitterte, aber seine Seele war unerschütterlich. Er lehrt uns, dass wahre Stärke und wahre Größe darin liegen, den Übeln, denen unsere Natur ausgesetzt ist, standzuhalten. Es braucht einen ungeheuren Mut, dem Tode entgegenzulaufen, wenn einem vor ihm bangt.

Sokrates hatte die Sophisten als Ignoranten bezeichnet

und sie der Unredlichkeit überführt. Jesus, der sich seiner göttlichen Rechte bediente, nannte die Schriftgelehrten und die Pharisäer Heuchler, Dummköpfe, Blinde, Bösewichter, Schlangen und Otterngezücht.[67]

Sokrates wurde nicht beschuldigt, eine neue Sekte gründen zu wollen, und auch gegen Christus wurde dieser Vorwurf nicht erhoben.[68] Vielmehr suchten, wie es heißt, die Oberhäupter der Priester und der gesamte Rat ein falsches Zeugnis gegen Jesus, um ihn zu vernichten.

Sie brauchten dieses falsche Zeugnis und klagten ihn nicht an, dass er öffentlich gegen das Gesetz gepredigt habe, denn dafür hatten sie nichts in der Hand. Tatsächlich fügte sich Jesus dem Gesetz des Moses von Kindheit an bis zu seinem Tode. Er wurde am achten Tag beschnitten wie alle anderen Kinder. Wenn er später im Jordan getauft wurde, entsprach auch dies einer heiligen Zeremonie der Juden, die bei sämtlichen Völkern des Orients üblich ist. Alle Unreinigkeiten, verursacht durch Verstöße gegen das Gesetz, wusch die Taufe ab. Man weihte ferner die Priester, indem man sie am Feiertage des Versöhnungsfestes ins Wasser tauchte. Man taufte auf diese Art auch die Proselyten.

Jesus gehorchte dem Gesetz in allen Punkten. Er heiligte den Sabbat. Er enthielt sich verbotener Speisen. Er feierte alle Feste; noch kurz vor seinem Tode hatte er sogar das Passah gefeiert. Man beschuldigte ihn weder, eine neue Lehre aufzustellen, noch dessen, sich einem fremden Ritus unterworfen zu haben. Als Israelit geboren, lebte er beständig als Israelit.

Zwei Zeugen, die gegen ihn auftraten, sagten ihm nach, er habe behauptet, »er könne den Tempel zerstören und in drei Tagen wieder aufbauen«.[69] Solche Rede war für die geistlosen Juden zwar unverständlich, aber einen Vorwurf, eine neue Sekte gründen zu wollen, enthielt diese Aussage nicht.

Der Hohepriester verhörte Jesus und fragte ihn: »Ich beschwöre dich bei dem lebendigen Gott, dass du uns sagest, ob du seist Christus, der Sohn Gottes.« Nur wird uns nicht verraten, was der Hohepriester unter »Sohn Gottes« verstand. Man bediente sich manchmal dieses Ausdrucks, um einen Gerechten zu bezeichnen, so wie man einen Bösewicht »Sohn des Belial« benannte.[70] Die plumpen Juden hatten keinen Begriff von dem heiligen Mysterium eines Gottessohnes, der, selbst Gott, auf Erden kam.

Zurück zum Verhör. Jesus antworte dem Hohepriester: »Du sagst es. Doch ich verkündige euch: Von nun an wird es geschehen, dass ihr sehen werdet des Menschen Sohn sitzend zur Rechten der Macht Gottes und kommend auf den Wolken des Himmels.«

Diese Antwort brachte den Sanhedrin auf; er betrachtete sie als Blasphemie. Nun hatte er nicht mehr das Recht, über Leben und Tod eines Beschuldigten zu entscheiden; also überstellten sie Jesus an den römischen Landpfleger der Provinz und beschuldigten ihn verleumderisch, er störe die öffentliche Ruhe; unter anderem verkünde er, keinen Tribut mehr an Cäsar zu zahlen, und obendrein nenne er sich König der Juden. Damit ist überdeutlich, dass man ihm ein Staatsverbrechen unterstellte.

Als Landpfleger Pilatus erfuhr, dass Jesus Galiläer war, schickte er ihn zunächst zu Herodes, dem Tetrarch von Galiläa. Herodes hielt es für unmöglich, dass Jesus sich zum Anführer einer Partei machen und nach der Königswürde streben könnte. Er behandelte ihn mit Verachtung und sandte ihn zurück an Pilatus, der ihn aus einer unwürdigen Schwäche heraus verurteilte, um den Tumult zu beruhigen, der sich gegen ihn selbst richtete, zumal er schon einmal einen Judentumult hatte durchmachen müssen, wenn man Josephus glauben darf. Pilatus hatte nicht die Großzügigkeit, die später Landpfleger Festus bewies.

Jetzt frage ich mich: Ist die Toleranz oder die Intoleranz den göttlichen Gesetzen gemäß? Wenn ihr Jesus Christus ähnlich sein wollt, dann seid Märtyrer, aber keine Henker.

KAPITEL XV

Stimmen gegen die Intoleranz

Es ist ein Sakrileg, in Religionsdingen den Menschen die Freiheit zu nehmen und sie zu hindern, dass sie sich selbst ihre Gottheit wählen. Weder ein Mensch noch ein Gott will einen erzwungenen Dienst. *(Apologetikon, Kap. 24)*

Sollten Ansichten bestehen, zur Verteidigung des Glaubens Gewalt zu gebrauchen, würden sich die Bischöfe dagegensetzen. *(St. Hilarius, Buch 1)*

Erzwungene Religion ist keine Religion mehr; man muss überzeugen und nicht nötigen. Religion lässt sich nicht befehlen. *(Lactantius, Buch 3)*

Es wäre abscheuliche Häresie, diejenigen mit Gewalt, Schlägen und Kerker auf seine Seite zu ziehen, die man mit Vernunft nicht hat überzeugen können. *(St. Athanasius, Buch 1)*

Nichts ist der Religion mehr entgegen als der Zwang. *(St. Justin der Märtyrer, Buch 5)*

»Sollen wir jene verfolgen, die Gott duldet?«, schrieb der heilige Augustinus, bevor ihn sein Streit mit den Donatisten zu übermäßiger Härte verleitete.

Den Juden soll keine Gewalt geschehen. *(Viertes Konzil von Toledo, Canon 56)*

Ratet und zwingt nicht. *(Brief des St. Bernhard)*

Es ist nicht unsere Absicht, die Irrtümer durch Gewalt zu vernichten. *(Rede des französischen Klerus an Ludwig XIII.)*

Den Weg der Härte haben wir immer abgelehnt. *(Versammlung des Klerus am 11. August 1560)*

Wir wissen, dass man zum Glauben überzeugen, aber nicht zwingen kann. *(Fléchier, Bischof von Nîmes, Brief 19)*

Man sollte nicht einmal herabsetzende Ausdrücke gebrauchen. *(Bischof Du Bellai in einem Hirtenbrief)*

Erinnert euch, dass die Krankheiten der Seele sich nicht durch Zwang und Gewalt heilen lassen. *(Kardinal Le Camus in einem Hirtenbrief von 1688)*

Gewährt allen bürgerliche Toleranz. *(Fénelon, Erzbischof von Cambrai, an den Herzog von Burgund)*

Zwingt eine Religion zum Dienst an ihr, so beweist dies, dass der Geist, der sie leitet, ein Feind der Wahrheit ist. *(Dirois, Doktor der Sorbonne, Buch 6, Kap. 4)*

Gewalt bringt höchstens Heuchler hervor; man überzeugt nicht, wenn man überall Drohungen erschallen lässt. *(Tillemont, Kirchengeschichte, Bd. 6)*

Es erschien uns der Billigkeit und der rechten Vernunft entsprechend, in den Fußstapfen der alten Kirche zu wandeln, die keine Gewalt gebraucht hat, um ihre Religion zu begründen und zu verbreiten. *(Remonstration des Parlaments von Paris an Heinrich II.)*

Die Erfahrung lehrt uns, dass Gewalt ein Übel, das seine Wurzel im Geiste hat, eher verschlimmert als heilt etc. *(De Thou, Widmungsepistel an Heinrich IV.)*

Der Glaube lässt sich nicht durch Schwertstreiche eingeben. *(Cerisiers, Über die Regierungen Heinrichs IV. und Ludwigs XIII.)*

Es ist barbarisch, die Religion mit Eiferei in die Herzen pflanzen zu wollen; als ob Überzeugtheit eine Folge von Zwang sein könnte. *(Boulainvilliers, Zustand Frankreichs)*

Mit der Religion ist es wie mit der Liebe: Befehlen richtet nichts aus und Zwang noch weniger; es gibt nichts Unabhängigeres als Lieben und Glauben. *(Amelot de la Houssaye, Über die Briefe des Kardinal d'Ossat)*

Wenn der Himmel euch so sehr geliebt hat, dass ihr die Wahrheit seht, hat er euch eine große Gnade erwiesen; aber müssen denn die Kinder, die das Erbteil ihres Vaters empfangen haben, jene hassen, die es nicht bekamen? *(Montesquieu, Vom Geist der Gesetze, Buch 25)*

Man könnte ein dickes Buch aus solchen Zitaten zusammenstellen. Unsere Gespräche, unsere Reden, unsere Predigten, unsere moralischen Schriften, unsere Katechismen – alles atmet, alles lehrt heute die heilige Pflicht der Duldung. Welche böse Fügung, welche Inkonsequenz lässt uns eine Theorie, die wir jeden Tag verkünden, durch unsere Praxis dementieren? Glauben wir etwa, dass es uns irgendeinen Vorteil bringt, wenn unsere Handlungen unserer Moral Hohn sprechen, wenn wir das Gegenteil dessen tun, was wir lehren? Nein, es bringt uns keinen Vorteil, diejenigen zu verfolgen, die nicht unserer Meinung sind, und uns so deren Hass zuzuziehen. Die Intoleranz hat also wieder einmal etwas Absurdes.

Aber, so wird man erwidern, manchen bringt der Gewissenszwang doch etwas ein; diese können doch so blödsinnig nicht sein. Ihnen ist das folgende Kapitel gewidmet.

KAPITEL XVI

Gespräch zwischen einem Sterbenden und einem Menschen, der sich wohl befindet

Ein Bürger in einer Provinzstadt war kurz vor seinem Ableben. Ein Mensch von guter Gesundheit kam zu ihm, um ihm in den letzten Minuten zuzusetzen, und sprach zu ihm:

»Elender! Denke sofort wie ich. Unterzeichne dieses Schreiben. Bekenne, dass fünf bestimmte Sätze in einem Buche stehen, das weder du noch ich je gelesen haben. Sei sogleich der Meinung des Lanfranc gegen Berengar und des Sankt Thomas gegen Sankt Bonaventura. Bekenne dich zum Nicäischen Konzil und verwirf das Frankfurter Konzil. Erkläre mir auf der Stelle, wie die Worte ›Mein Vater ist größer als ich‹ eigentlich bedeuten: ›Ich bin so groß wie er.‹ Sag mir, wie der Vater dem Sohne alles mitgibt, außer dem Vatersein. Oder ich werfe deinen Leichnam auf den Schindanger. Deine Kinder sollen nicht von dir erben; deine Frau soll ihr Eingebrachtes verlieren, und deine Familie soll um Brot betteln, das ich und meinesgleichen ihr aber nicht geben werden.«

Der Sterbende: Ich verstehe kaum, was du mir sagst; deine Drohungen erreichen nur undeutlich mein Ohr; sie verstören meine Seele, sie machen mir den Tod fürchterlich. Um Gottes willen, hab Mitleid mit mir.

Der Barbar: Mitleid? Kann ich dir keines geben, wenn du nicht in allem meiner Meinung bist.

Der Sterbende: Ach! Du merkst doch wohl, dass in diesen letzten Augenblicken alle meine Sinne ermattet sind;

alle Tore meines Verstandes sind verschlossen; meine Vorstellungskraft entflieht, mein Denken verlöscht. Bin ich da vielleicht in der Lage zu disputieren?

Der Barbar: Nun denn, wenn du nicht glauben kannst, was ich will, dann sage einfach, dass du es glaubst. Das reicht mir schon.

Der Sterbende: Wie kann ich denn meineidig werden, nur um dir einen Gefallen zu tun? Nicht lange, und ich muss vor Gott erscheinen, und der bestraft den Meineid.

Der Barbar: Tut nichts. Dafür wird dir das Vergnügen zuteil, auf einem Friedhof zu liegen, und deine Frau und deine Kinder haben zu leben. Stirb als Heuchler; Heuchelei ist eine gute Sache; sie ist, wie man so sagt, eine Huldigung, die das Laster der Tugend entbietet. Ein bisschen Heuchelei, mein Freund, was kostet das denn schon?

Der Sterbende: O weh! Du verachtest Gott, oder du erkennst ihn nicht an. Könntest du sonst mir, der ich im Sterben liege, eine Lüge abverlangen, du, der du bald sein Urteil empfangen wirst, wenn du dich für diese Lüge verantworten musst?

Der Barbar: Wie, frecher Kerl! Ich und nichts von Gott wissen?

Der Sterbende: Vergib mir, mein Bruder, aber ich fürchte wirklich, dass du nichts von diesen Dingen weißt. Der, zu dem ich bete, belebt in diesem Augenblick meine Kräfte, so kann ich dir mit sterbender Stimme sagen, dass, wenn du an Gott glaubst, mir gegenüber Barmherzigkeit üben musst. Er hat mir meine Frau und meine Kinder gegeben; jetzt lasse du sie nicht vor Elend vergehen. Mit meinem Körper mache, was du willst, du kannst ihn haben. Aber glaube an Gott, ich beschwöre dich!

Der Barbar: Räsoniere nicht herum, tu, was ich die gesagt habe; ich will es; ich befehle es dir.

Der Sterbende: Was hast du eigentlich davon, dass du mich so quälst?

Der Barbar: Wie, was ich davon habe? Wenn ich deine Unterschrift vorlege, ein gutes Kanonikat.

Der Sterbende: Ach, mein Bruder, dies ist mein letzter Augenblick. Ich sterbe; ich werde zu Gott beten, dass er dein Herz rühre und dich bekehre.

Der Barbar: Hol ihn der Teufel; jetzt hat der Unverschämte doch nicht unterzeichnet! Ach was, ich ahme seinen Namenszug nach und unterschreibe für ihn.[71]

Das Folgende soll die Moral des Obigen bestätigen.

KAPITEL XVII

Brief eines Benefiziaten an den Jesuiten Le Tellier vom 6. Mai 1714

Ehrwürdiger Vater,
hiermit komme ich dem Befehl Euer Ehrwürden nach, Ihnen die geeignetsten Mittel zu nennen, mit denen sich Jesus und seine Gesellschaft von ihren Feinden befreien ließen. Ich glaube, dass sich höchstens noch fünfhunderttausend Hugenotten im Königreich befinden; andere sprechen von einer Million, wieder andere sagen eine Million fünfhunderttausend. Aber wie viele ihrer auch sein mögen – hier meine Sicht der Dinge, die ich, wie es meine Pflicht ist, demütigst der Ihren unterwerfe.

1. Es wird leicht sein, binnen eines Tages alle Prediger zu ergreifen und sie alle zugleich an einem Ort aufzuhängen. Dies sollte nicht nur geschehen, weil es der öffentlichen Erbauung dient, sondern auch, weil man ein solches Schauspiel nicht häufig zu sehen bekommt.

2. Ich würde alle Väter und Mütter in ihren Betten umbringen lassen; wenn man sie auf der Straße tötet, kann dies eine gewisse Unruhe auslösen; womöglich gelingt es sogar einigen zu entkommen, und das vor allem muss verhindert werden. Diese Exekution ergibt sich ganz konsequent aus unseren Prinzipien. Viele große Theologen haben es bewiesen: Wenn man *einen* Ketzer töten muss, dann muss man logischerweise *alle* töten.

3. Am nächsten Tage würde ich alle Mädchen mit guten Katholiken verheiraten; wir müssen ja achtgeben, dass der Staat, zumal nach dem letzten Krieg, nicht gar zu sehr ent-

völkert. Was aber die Knaben im Alter von vierzehn bis fünfzehn Jahren betrifft, die schon vollgesogen sind mit schändlichen Lehren, welche ihnen wieder auszutreiben wir schwerlich hoffen dürfen, so wäre mein Rat, sie allesamt zu kastrieren, damit diese Brut sich niemals fortpflanze. Die Jüngeren kämen auf Eure Schulen, wo man sie so lange peitschen würde, bis sie die Werke des Sanchez und des Molina auswendig wissen.

4. Ich denke, mit Verlaub, dass wir die Lutheraner im Elsass genauso behandeln sollten. Im Jahre 1704 habe ich nämlich zwei dort ansässige alte Weiber an dem Tage lachen sehen, da die Schlacht bei Höchstädt lief.

5. Der Artikel der Jansenisten mag etwas schwieriger erscheinen Wir haben ihrer, schätze ich, wohl mindestens sechs Millionen im Land; aber ein Geist wie der Ihrige wird sich davor nicht erschrecken. Ich zähle zu den Jansenisten auch all jene Parlamente, die so schändlich die Freiheiten der gallikanischen Kirche verteidigen. Es ist nun an Euer Ehrwürden, mit der Umsicht, die man von Ihnen gewohnt ist, die Mittel zu erwägen, wie sie dieser widerspenstigen Geister Herr werden. Die Pulververschwörung hatte seinerzeit nicht den gewünschten Erfolg, weil einer der Teilnehmer unklugerweise einem Freunde das Leben retten wollte; aber da Sie ja keinen Freund haben, ist das Problem diesmal nicht zu befürchten. Es sollte Ihnen ein Leichtes sein, mit der Erfindung des Mönches Schwartz, die man *pulvis pyrius* nennt, sämtliche Parlamente des Königreichs in die Luft zu sprengen. Nach meinem Überschlag braucht man, eins ins andere, für jedes Parlament 36 Tonnen Pulver. Dies mal 12 Parlamente ergäbe nicht mehr als 432 Tonnen. Bei einem Stückpreis von 100 Écus würde das Ganze

insgesamt 129.600 Livres kosten – ein Klacks für den ehrwürdigen Pater General.

Sind die Parlamente erst einmal gesprengt, können Sie die freigewordenen Stellen an Leute aus Ihren Kongregationen vergeben, die mit den Gesetzen des Reiches bestens vertraut sind.

6. Es sollte kein Problem sein, Herrn Kardinal de Noailles zu vergiften, denn er ist ein einfältiger Mensch ohne jeglichen Argwohn.

Eure Ehrwürden können sich desselben Bekehrungsmittels auch bei den einen oder anderen renitenten Bischöfen bedienen. Ihre Bistümer kämen dann mithilfe eines Breves des Papstes in die Hände der Jesuiten. Dann wären alle Bischöfe auf der Seite der guten Sache, und diese Bischöfe würden dann die Pfarrstellen passend besetzen. So lautet mein Rat zu Eurer Ehrwürden beliebigem Gebrauch.

7. Es heißt, die Jansenisten begehen wenigstens zu Ostern die heilige Kommunion. Da könnte es doch nicht schaden, wenn man die Hostien mit der Substanz bestreute, derer man sich bedient hat, um Kaiser Heinrich VII. zukommen zu lassen, was er verdiente. Nun könnte man einwenden, die Operation berge die Gefahr, dass man dabei eventuell auch Molinisten Rattenpulver verabreicht. Der Einwand hat viel für sich; aber es gibt kein Projekt, das keine Schwachpunkte hätte, kein System, für das einzelne Stellen, die nicht richtig funktionieren, den Ruin bedeuten. Wenn man sich von diesen kleinen Schwierigkeiten aufhalten lässt, bringt man nie etwas zuwege. Und außerdem geht es immerhin darum, das größtmögliche Gute herbeizuführen; da sollte man sich nicht darüber entrüs-

ten, wenn dieses große Gute ein paar üble Folgen nach sich zieht, die gar nicht ins Gewicht fallen.

Wir haben uns nichts vorzuwerfen: Es ist längst erwiesen, dass alle sogenannten Reformierten und alle Jansenisten für die Hölle bestimmt sind. Wir verkürzen also nur die Spanne bis zu dem Zeitpunkt, wo sie dort eintreten.

Es steht ebenso fest, dass die Molinisten von Rechts wegen in den Himmel kommen. Wenn wir sie also aus Versehen und ohne jede böse Absicht zu Tode bringen, befördern wir sie schneller ihrer ewigen Freude entgegen. Im einem wie dem anderen Falle sind wir Diener der Vorsehung.

Diejenigen, die sich über die Anzahl ein wenig erschrocken zeigen, könnten Eure Paternität darauf hinweisen, dass von der Blütezeit der Kirche an bis 1707, also während rund 1400 Jahren, die Theologie über 50 Millionen Menschen gewaltsam zu Tode befördert hat; dagegen beträgt die Summe derer, die *ich* zu erhängen, abzukehlen oder zu vergiften vorschlage, nur ungefähr 6 500 000.

Man wird uns vielleicht noch einwenden, dass meine Rechnung nicht stimme und dass ich die Regeldetri verletze; denn wenn, wird man sagen, in 1400 Jahren nur 50 000 000 wegen theologischer Streitigkeiten verscheiden mussten, wegen Distinguos, Dilemmata und Antidilemmata, macht das pro Jahr nur 35 714 Leute, plus Rest, und ich daher in diesem Jahr 6 064 285 zu viel töten würde.

Aber diese Spitzfindigkeit ist doch nun wahrhaftig ziemlich kindisch; man kann sogar sagen: Sie ist gottlos. Denn begreift man denn nicht, dass ich durch mein Verfahren allen Katholiken das Leben retten kann, bis ans Ende der

Welt? Wenn man auf jede Kritik antworten wollte, würde man nie fertig.

Ich verbleibe mit der tiefsten Ehrfurcht

Eurer Paternität gehorsamster, andächtigster und sanftmütigster

R…,

gebürtig aus Angoulême,

Präfekt der Kongregation

Dieses Projekt konnte nicht ausgeführt werden, da Pater Le Tellier erstens ein paar Schwierigkeiten bei der Umsetzung sah und Seine Paternität zweitens ein Jahr darauf ins Exil gehen musste. Aber da man doch immer Pro und Contra prüfen sollte, wäre es ratsam zu betrachten, in welchen Fällen man ganz dem Rechte gemäß den Vorschlägen des Korrespondenten von Pater Le Tellier folgen sollte, zumindest teilweise. Sein Projekt in allen Punkten auszuführen, würde sicherlich schwerfallen; aber wir sollten doch untersuchen, bei welchen Tatbeständen wir Leute, die nicht unserer Meinung sind, doch aufs Rad, an den Galgen oder auf die Galeeren schicken sollten. Dies ist das Thema des folgenden Kapitels.

KAPITEL XVIII

Die wenigen Fälle, in denen Intoleranz den menschlichen Rechten doch gemäß ist

Wenn die Obrigkeit Verirrungen ihrer Untertanen nicht bestrafen darf, dann nur, wenn diese Verirrungen keine Verbrechen sind. Verbrechen sind sie dann, wenn sie die Gesellschaft in Unruhe versetzen, indem sie Fanatismus stiften; die Menschen müssen es also unterlassen, fanatisch zu sein, wenn sie sich Toleranz verdienen wollen.

Da sind zum Beispiel ein paar junge Jesuiten. Sie wissen genau, dass die Kirche jene verabscheut, die sie verstoßen hat. Die Jansenisten wurden durch eine Bulle verdammt, also sind sie verstoßen. Darauf gehen die jungen Mönche der Societas Jesu hin und stecken ein Haus der Oratorianer in Brand, weil Quesnel, der Oratorianer, zusätzlich Jansenist war. Es ist wohl klar, dass man diese Jesuiten wird bestrafen müssen.

Dasselbe gilt, wenn sie verwerfliche Maximen verbreiten, wenn ihr Orden den Gesetzen des Reiches zuwiderläuft. Dann geht es nicht anders, als dass man ihre Gesellschaft auflöst und die Jesuiten abschafft, um aus ihnen Bürger zu machen. Wenn sie das für ein Übel halten, ist es letztlich doch wohl ein eingebildetes; in Wahrheit bewirkt es für sie Gutes. Denn worin soll das Übel liegen, wenn man einen kurzen Rock trägt statt einer Soutane und ein freier Mann ist statt ein Sklave? Man reformiert im Frieden ganze Regimenter, und sie beschweren sich nicht; warum erheben nun die Jesuiten so ein großes Geschrei, wenn man sie reformiert, damit Friede sei?

Wenn die Franziskaner in einem heiligen Eifer für die Jungfrau Maria hingehen und die Kirche der Dominikaner zerstören, weil diese glauben, Maria sei in der Erbsünde geboren, wird man nicht anders können, als mit den Franziskanern in etwa so zu verfahren wie mit den Jesuiten.

Nicht viel anderes wäre über die Lutheraner und die Calvinisten zu sagen. Da mögen sie noch so oft erklären: »Wir folgen den Regungen unseres Gewissens; es ist besser, Gott zu gehorchen als den Menschen; wir sind die wahre Herde; wir müssen die Wölfe ausrotten.« Was offensichtlich macht, dass sie selbst Wölfe sind.

Eines der erstaunlichsten Phänomene von Fanatismus war eine kleine Sekte in Dänemark. Sie hatte eigentlich das beste Prinzip zum Ziel, das sich denken lässt: Diese Leute wollten ihren Brüdern das ewige Heil verschaffen; wie sie dieses Prinzip umsetzten, war allerdings merkwürdig. Sie wussten, dass alle kleinen Kinder, die ungetauft sterben, verdammt sind; dass jedoch jene, die das Glück haben, unmittelbar nach der Taufe zu sterben, der ewigen Seligkeit teilhaftig werden. Also gingen sie hin und ermordeten alle gerade getauften Knaben und Mädchen, derer sie habhaft wurden. Dies war zweifellos der größte Gefallen, den man ihnen erweisen konnte: Man bewahrte sie auf einmal vor der Sünde, vor den Plagen dieses Lebens und vor der Hölle; man schickte sie unfehlbar und geradewegs in den Himmel. Aber diese gutherzigen Leute bedachten nicht, dass es nicht erlaubt ist, um eines großen Guten willen ein kleines Böses zu tun; dass sie kein Recht auf das Leben dieser kleinen Kinder hatten; dass die meisten Väter und Mütter so irdisch gesinnt sind, ihre Söhne und Töchter lieber bei sich zu haben, als sie töten zu lassen, damit sie ins Paradies kommen, und dass, kurz gesagt, die Obrigkeit Mord bestrafen muss, und wäre er in der besten Absicht geschehen.

Von den Juden könnte man meinen, sie hätten mehr als irgendwer sonst das Recht, uns zu bestehlen und zu töten: Denn obwohl das Alte Testament hundert Beispiele für Toleranz enthält, gibt es darin auch einige Fälle und Gesetze, die von Härte gekennzeichnet sind. Gott hat ihnen wiederholt befohlen, Götzendienerstämme zu töten und nur die mannbaren Mädchen zu verschonen. Nun betrachten sie uns als Götzendiener, und obwohl wir sie heutzutage tolerieren, könnten sie, wenn sie unsere Herren würden, verfahren wie ihre Ahnen und nur unsere Mädchen am Leben lassen.

Sie wären vor allem unweigerlich verpflichtet, alle Türken umzubringen; dies ist ohne Weiteres einsichtig, denn die Türken besitzen die Länder der Hethiter, der Jebusiter, der Amoriter, der Jerseniter, der Horiter, der Arakiter, der Keniter, der Hemathiter und der Samariter. Alle diese Völker standen unter einem Fluch. Das Gebiet, das eine Länge von über 25 Meilen hatte, war durch nach und nach abgeschlossenen Verträge an die Juden gegangen. Die Länder müssen wieder ihr Eigentum werden, das Territorium also, das die Mohammedaner seit über 1000 Jahren usurpieren.

Wenn die Juden heute mit dieser Argumentation Forderungen stellten, könnten sie, völlig klar, nur die Antwort ernten, dass man sie auf die Galeeren schickt.

Dies sind im Großen und Ganzen die wenigen Fälle, bei denen Intoleranz vernünftig erscheint.

KAPITEL XIX

Von einem Religionsstreit in China

In den ersten Regierungsjahren des großen Kaisers Kang-Hi hörte ein Mandarin der Stadt Kanton aus dem Nachbarhaus einen großen Lärm. Er erkundigte sich, ob da vielleicht gerade jemand umgebracht werde; man sagte ihm aber, dort säßen der Seelsorger der Dänischen Kompanie, ein Kaplan aus Batavia und ein Jesuit beisammen und disputierten miteinander. Er bat sie zu sich, ließ ihnen Tee und Süßgebäck reichen und fragte sie, weshalb sie zankten.

Der Jesuit antwortete ihm, es bereite ihm große Pein, als jemand, der immer recht habe, sich mit Leuten abgeben zu müssen, die immer unrecht hätten. Anfangs habe er ja noch ruhig und gefasst argumentiert; schließlich sei ihm aber doch der Geduldsfaden gerissen.

Der Mandarin gab ihnen in aller Diskretion zu verstehen, wie notwendig beim Disputieren die Höflichkeit sei; in China rege man sich niemals auf, wenn man miteinander spreche. Und er fragte sie, worum es eigentlich gehe.

Der Jesuit antwortete ihm: »Verehrter Herr, ich lasse Sie selbst Richter in der Sache sein. Diese beiden Herren weigern sich, die Entscheidungen des Konzils von Trient anzunehmen.«

»Das wundert mich allerdings auch«, sagte der Mandarin. Dann wandte er sich zu den beiden Widerspenstigen: »Mir scheint, Sie müssten den Meinungen einer großen Versammlung Achtung entgegenbringen. Ich weiß zwar nicht, was das Konzil von Trient ist, aber viele Personen sind doch immer besser unterrichtet als ein Einzelner.

Niemand soll glauben, dass er mehr wisse als alle anderen und dass der Verstand nur in seinem Kopfe wohne. So lehrt es unser großer Konfuzius, und wenn ich euch raten darf, so solltet ihr dies auch auf das Konzil von Trient anwenden.«

Nun ergriff der Däne das Wort: »Verehrter Herr, Sie haben äußerst weise gesprochen. Wir respektieren die großen Versammlungen, wie es sich gebührt; allerdings sind wir, und dies ganz und gar, der Meinung, die mehrere Versammlungen vertraten, welche *vor* dem Konzil von Trient stattfanden.«

»Oh! Wenn dem so ist«, sagte der Mandarin, »bitte ich euch um Verzeihung; Sie könnten durchaus recht haben. Nun denn, dann sind Sie beide, Ihr holländischer Amtsbruder und Sie, in Ihrer Meinung einig gegen den armen Jesuiten dort?«

»Überhaupt nicht«, sagte der Holländer. »Dieser Mann hat Meinungen, die fast genauso grotesk sind wie die des Jesuiten da, der Ihnen hier den Sanften vorspielt. Es ist einfach nicht zum Aushalten.«

»Ich verstehe euch nicht«, erwiderte der Mandarin. »Seid ihr denn nicht alle drei Christen? Kommt ihr nicht alle drei, um das Christentum in unserem Reiche zu lehren? Solltet ihr da nicht folgerichtigerweise dieselben Dogmen haben?«

»Sie sehen, verehrter Herr«, sagte der Jesuit, »diese beiden sind Todfeinde und disputieren alle beide gegen mich. Das beweist doch eindeutig, dass sie alle beide unrecht haben und das Recht allein auf meiner Seite ist.«

»So eindeutig nicht«, sagte der Mandarin. »Es könnte immerhin auch sein, dass ihr alle drei unrecht habt. Mich würde interessieren, eure Standpunkte kennenzulernen, einen nach dem anderen.«

Der Jesuit hielt darauf einen recht langen Sermon, während dem der Däne und der Holländer die Achseln zuckten. Der Mandarin verstand nichts. Nun sprach der Däne; seine beiden Gegner sahen ihn mitleidig an. Der Mandarin verstand genauso wenig wie beim Vorredner. Dem Holländer erging es ebenso. Schließlich sprachen sie alle drei gleichzeitig und bewarfen sich mit groben Beschimpfungen. Der ehrwürdige Mandarin hatte große Mühe, den Zank zu beenden, und sprach zu ihnen: »Wenn ihr wollt, dass man eure Lehre hier duldet, dann seid erst einmal selbst duldsam und erduldbar.«

Zum Ende der Audienz begegnete der Jesuit einem dominikanischen Missionar; er erzählte ihm, er habe gerade einen Disput gewonnen und betonte, die Wahrheit trage eben immer den Sieg davon. Der Dominikaner antwortete: »Wenn ich dabei gewesen wäre, hättet Ihr ihn nicht gewonnen; ich hätte Euch der Lüge und der Abgötterei überführt.« Der Streit wurde hitzig; der Dominikaner und der Jesuit gerieten sich in die Haare. Als der Mandarin von dem Skandal hörte, ließ er alle beide einsperren.

Ein Untermandarin fragte den Richter: »Wie lange wollen denn Eure Exzellenz die beiden im Arrest belassen?« – »Bis sie sich einig werden«, antwortete der Richter. »Ach!«, sagte der Untermandarin, »so müssen sie ja zeitlebens im Gefängnis bleiben.« – »Nun gut«, sagte der Richter, »dann eben, bis sie sich vergeben haben.« – »Die vergeben sich niemals«, sagte der andere, »ich kenne sie.« – »Wohlan denn«, sagte der Mandarin, »dann eben, bis sie so tun, als hätten sie einander vergeben.«

KAPITEL XX

Soll man das Volk im Aberglauben halten?

Schwachheit und Verkehrtheit kennzeichnet uns Menschen in einem Maße, dass es zweifellos besser für uns ist, allen möglichen Aberglaubensarten zu frönen – wenn sie nicht gerade mit Mord und Totschlag einhergehen –, als ohne Religion zu leben. Der Mensch brauchte immer einen Zügel, und so lächerlich es auch gewesen sein mag, Faunen, Silvanen und Najaden zu opfern, war es doch immer vernünftiger und nützlicher, diese fantastischen Bilder der Göttlichkeit anzubeten, als sich dem Atheismus auszuliefern. Ein Atheist, der nur den Verstand gelten lässt und zudem gewalttätig und mächtig ist, wäre eine ebenso furchtbare Geißel wie ein blutrünstiger Abergläubischer.

Wenn die Menschen keine gesunden Begriffe von der Gottheit haben, treten falsche Vorstellungen an ihre Stelle, so wie man in unglücklichen Zeiten mit schlechtem Geld handelt, wenn man kein gutes hat. Der Heide scheute sich, ein Verbrechen zu begehen, weil er Angst hatte, von seinen falschen Göttern bestraft zu werden; der Malabarer fürchtet die Strafe seiner Pagode. Überall, wo es eine ordentliche Gesellschaft gibt, ist eine Religion unerlässlich; die Gesetze wachen über die bekannten Verbrechen, und die Religion wacht über die geheimen.

Aber wenn die Menschen erst einmal geschafft haben, eine reine und heilige Religion anzunehmen, wird der Aberglaube nicht nur unnütz, sondern sogar sehr gefährlich. Man muss jene nicht mehr mit Eicheln nähren wollen, die Gott in seiner Güte mit Brot nährt.

Der Aberglaube verhält sich zur Religion wie die Astrologie zur Astronomie. Die Abergläubigkeit ist eine sehr närrische Tochter einer sehr weisen Mutter. Aberglaube und Astrologie – diese beiden Töchter haben lange Zeit die ganze Erde unter ihrem Joch gehabt.

Als es in unseren barbarisch unwissenden Zeiten kaum zwei Lehnsherren gab, die ein Neues Testament besaßen, da mag es wohl verzeihlich gewesen sein, wenn man dem gemeinen Haufen – das heißt ebenjenen Lehnsherren, ihren beschränkten Weibern und ihren stumpfen Untertanen – Fabelzeug vorsetzte. Man machte ihnen weis, dass der heilige Christophorus das Jesuskind von einem Ufer des Flusses zum anderen getragen habe. Man fütterte sie mit Geschichten von Zauberern, Hexen und Besessenen. Die Einfältigen hatten keine Mühe, sich vorzustellen, dass der heilige Genulfus die Gicht und die heilige Klara Augenkrankheiten kurierten. Die Kinder glaubten an den Werwolf und die Väter an den Strick des heiligen Franziskus. Die Menge der Reliquien war unzählbar.

Inzwischen ist die Religion endlich von all diesen Mystizismen bereinigt. Aber diese haben einen Rost hinterlassen, der im Volke immer noch nicht ganz getilgt ist. Erst unlängst hat der Bischof von Châlons, Herr de Noailles, eine vermeintliche Reliquie, den angeblichen Nabel des Jesuskindes, entfernen und ins Feuer werfen lassen – und die ganze Stadt Châlons zerrte ihren geistlichen Oberherrn dafür vor Gericht. Aber der Mann besaß ebenso viel Mut wie Frömmigkeit, und so gelang es ihm bald, den Bewohnern seiner Champagne begreiflich zu machen, dass man Jesus Christus im Geiste und in der Wahrheit anbeten kann, auch wenn sein Nabel nicht in der Kirche liegt.

Jene, die man *Jansenisten* nannte, haben nicht wenig dazu beigetragen, nach und nach die meisten falschen Anschauungen zu entfernen, die sich im Geiste unserer Nation eingewurzelt hatten und die christliche Religion entehrten. Nun glaubte man nicht mehr, dass man nur dreißig Tage lang das Ave Maria beten müsse, um alles zu bekommen, was man wolle, und um ungestraft sündigen zu können.

Endlich begannen die Bürger zu ahnen, dass nicht die heilige Genoveva den Regen bringt oder anhält, sondern dass Gott selbst über die Elemente gebietet. Die Mönche wunderten sich, dass ihre Heiligen keine Wunder mehr taten. Und wenn die Verfasser der *Vita des heiligen Franciscus Xaverius* auf die Erde zurückkämen, würden sie Folgendes nicht zu schreiben wagen: Franz Xaver erweckte neun Tote zum Leben; er konnte sich gleichzeitig auf dem Meer und an Land befinden; als ihm einmal sein Kruzifix ins Wasser fiel, kam ein Krebs und brachte es ihm wieder.

Ebenso steht es mit den Exkommunikationen. Unsere Historiker erzählen uns: Papst Gregor V. hat Frankreichs König Robert exkommuniziert, weil dieser Prinzessin Bertha, seine Cousine zweiten Grades, geheiratet hatte. Da gingen Roberts Diener hin und warfen alle Speisen, die für den König aufgetragen waren, aus dem Fenster, und Königin Bertha gebar zur Strafe für die blutschänderische Ehe eine Gans. Heutzutage wäre es kaum denkbar, dass die Kellner eines exkommunizierten Königs von Frankreich dessen Mahl aus dem Fenster würfen und dass die Königin unter ähnlichen Umständen ein Gänschen zur Welt brächte.

In irgendeinem Vorstadtwinkel mag es noch ein paar Konvulsionäre geben; es ist dies eine Art geistige Läusesucht, die aber nur den gemeinsten Pöbel angreift. Die Vernunft dringt in Frankreich täglich weiter voran, gelangt in die Kaufmannsläden ebenso wie in die Paläste der hohen Herrschaften. Wir müssen die Früchte dieser Vernunft pflegen, zumal man sie gar nicht mehr daran hindern kann zu reifen. Frankreich lässt sich, seitdem es Aufklärung erfahren hat durch all die Pascals, Nicoles, Arnaulds, Bossuets, Descartes', Gassendis, Bayles, Fontenelles etc. nie wieder so regieren, wie es sich zu Zeiten der Garasses und Menots regieren ließ.

Wenn die Irrlehrer, ich meine die großen Irrlehrer, die so lange dafür bezahlt und geehrt wurden, dass sie die Menschheit verdummten, heute vorschrieben zu glauben, dass das Korn verfaulen muss, um zu keimen; dass die Erde unbeweglich auf ihren Grundfesten steht; dass sie sich nicht um die Sonne dreht; dass Ebbe und Flut keine natürlichen Folgen der Gravitation sind; dass der Regenbogen nicht durch Brechung und Spiegelung der Strahlen des Sonnenlichts in Wasserstropfen entsteht etc.; wenn jene Irrlehrer ihre Denkbefehle dann auch noch auf missverstandene Stellen der Heiligen Schrift stützten – wie würden sie in den Augen der Wohlunterrichteten erscheinen? Wäre der Ausdruck *Tiere* zu hart? Und wenn diese weisen Lehrer sich der Gewalt und der Verfolgung bedienten, um ihrer unverschämten Ignoranz zur Herrschaft zu verhelfen – wäre dann der Ausdruck *wilde Tiere*, ja *wilde Bestien* so völlig unpassend?

Je mehr man den Aberglauben der Mönche der Verachtung preisgibt, desto mehr Respekt ernten die Bischöfe, desto mehr Wertschätzung die Pfarrer; sie tun nur Gutes; der ultramontane Mönchsaberglaube jedoch würde bloß viel Übles anrichten.

Aber ist nicht von allen Arten des Aberglaubens jener am gefährlichsten, der darin besteht, dass man seinen Nachbarn um dessen Meinung willen hasst? Sollen doch Leute den heiligen Nabel anbeten oder die heilige Vorhaut, die Milch und den Rock der Jungfrau Maria. Leuchtet nicht ein, das in alldem mehr Vernunft liegt als darin, seinen Bruder zu verabscheuen und zu verfolgen?

KAPITEL XXI

Tugend ist mehr wert als Wissenschaft

Je weniger Dogmen, desto weniger Streit; je weniger Streit, desto weniger Unglück. Wenn das nicht stimmt, dann habe ich eben unrecht.

Die Religion ist dazu da, uns in diesem und in dem anderen Leben glücklich zu machen. Was müssen wir tun, um in dem Leben, das da kommen wird, glücklich zu sein? Gerecht sein.

Um in diesem Leben hier glücklich zu sein, soweit es uns das Elend unserer Natur erlaubt, was müssen wir tun? Geduld miteinander haben.

Es wäre der Gipfel der Torheit, alle Menschen dahin bringen zu wollen, über metaphysische Dinge das Gleiche zu denken. Sich die ganze Welt mit Waffengewalt zu unterwerfen, ist ein Kinderspiel gegen das Vorhaben, sich die Köpfe einer einzigen Stadt zu unterwerfen.

Für Euklid war es seinerzeit kein Problem, die Menschen von den Wahrheiten der Geometrie zu überzeugen. Warum? Weil sie samt und sonders Folgesätze sind aus dem kleinen Axiom: *Zwei plus zwei macht vier*. Nicht ganz so beschaffen sind die Dinge im Gewusel der Metaphysik und der Theologie.

Als der Bischof Alexander und der Priester Arius (oder Areios) über die Art und Weise zu disputieren anfingen, wie der in Christus inkarnierte *logos* von Gott ausgegangen sei, sandte Kaiser Konstantin ihnen einen Brief, an dessen Beginn er diese Worte setzte, die uns Eusebius und Sokrates Scholastikos überliefert haben: »Ihr seid gewaltige Toren, wenn ihr über Dinge streitet, die ihr nicht verstehen könnt.«

Hätten die beiden Parteien genügend Weisheit besessen, um übereinzukommen, dass der Kaiser recht hatte, wäre die christliche Welt nicht dreihundert Jahre hindurch mit Blut besudelt worden.

Was kann man in der Tat den Menschen auch Törichteres und Schrecklicheres sagen als so etwas: »Liebe Freunde, es reicht nicht, dass ihr treue Untertanen seid, gehorsame Kinder, zärtliche Väter und verträgliche Nachbarn; es reicht nicht, dass ihr alle Tugenden ausübt, Freundschaft pflegt, die Undankbarkeit flieht und Jesus Christus in Frieden anbetet. Ihr müsst auch wissen, was bedeutet: ›vor aller Zeit gezeugt‹; und wenn ihr die Rolle der *Homousie* innerhalb der *Hypostasen* nicht erklären könnt, dürfen wir euch verkünden, dass ihr dafür ewig in der Hölle brennt. Und bis dahin beginnen wir jetzt schon einmal damit, euch umzubringen?«

Hätte man solch eine Entscheidung einem Archimedes, einem Poseidonos, einem Varro, einem Cato, einem Cicero vorgelegt – was wären wohl ihre Antworten gewesen?

Konstantin ist nicht bei seinem Entschluss geblieben, beiden Parteien Stillschweigen aufzuerlegen. Er hätte die Oberzänker in seinen Palast bestellen und sie fragen können, was sie berechtige, die Welt in Unruhe zu versetzen: »Besitzt ihr die Geburtsakten der göttlichen Familie? Was liegt euch daran, ob der *logos* geschaffen oder gezeugt wurde? Hauptsache, man ist ihm getreu, man predigt eine gute Moral und übt sie aus, wenn man kann. Ich habe viele Fehler in meinem Leben begangen, und ihr auch; ihr seid ehrsüchtig, und ich auch. Das Reich hat mich Schurkereien und

Grausamkeiten gekostet. Ich habe fast alle meine Verwandten zu Tode gebracht; ich bereue es; ich will meine Verbrechen sühnen, indem ich dem Römischen Reiche Ruhe beschere. Hindert mich nicht, das einzige Gute zu tun, das meine früheren Untaten ins Vergessen rücken kann. Helft mir, meine Tage in Frieden zu beschließen.« Vielleicht hätte er bei den Streithähnen damit nichts ausgerichtet; vielleicht schmeichelte es ihm, in einem langen roten Gewande und mit lauter Edelsteinen auf dem Kopf einem Konzil vorzusitzen.

Dass er so handelte, öffnete indes all den Plagen die Tore, die von Asien her den Okzident überschwemmten. Aus jedem strittigen Bibelvers sprang eine Furie, bewaffnet mit einem Sophismus und einem Dolch, und machte alle Menschen unverständig und grausam. Die Hunnen, die Heruler, die Goten und die Vandalen, die später die Szenerie betraten, haben bei Weitem weniger Unheil angerichtet; das Ärgste, was sie taten, war noch, dass sie sich am Ende selbst in jene unseligen Streitigkeiten mischten.

KAPITEL XXII

Von der universellen Toleranz

Es bedarf keiner großen Kunst, keiner hochraffinierten Eloquenz, um zu beweisen, dass Christen und Christen einander tolerieren sollen. Ich gehe noch weiter; ich sage euch: Wir müssen alle Menschen als unsere Brüder ansehen. Was! Der Türke mein Bruder? Der Chinese mein Bruder? Der Jude? Der Siamese? Ja, unbedingt; sind wir denn nicht alle Kinder *eines* Vaters und Geschöpfe *eines* Gottes?

Aber diese Völker verachten uns doch! Für die sind wir doch Götzendiener! Nun denn! Dann sage ich ihnen eben, dass sie sich sehr irren. Ich denke schon, dass ich die stolze Halsstarrigkeit eines Imams oder eines Gurus zumindest verunsichern kann, wenn ich etwa so zu ihnen spreche:

»Diese kleine Erdkugel, die nur ein Punkt ist, rollt durch den Raum wie viele andere Planetenkugeln auch; wir sind wie verloren in dieser Unermesslichkeit. Der Mensch, ungefähr fünf Fuß hoch, ist wahrlich keine große Sache innerhalb der Schöpfung. Eines dieser unwahrnehmbaren Wesen sprach einmal in Arabien oder im Kafferlande zu ein paar Nachbarn: ›Hört mich an, denn der Gott all dieser Welten hat mich erleuchtet. Es gibt neunhundert Millionen kleiner Ameisen wie wir auf der Erde. Aber nur mein Ameisenhaufen ist Gott lieb; alle anderen sind ihm von Ewigkeit her ein Graus. Nur der meinige wird glücklich, die der anderen dagegen auf ewig unselig sein.‹«

Meine Gesprächspartner unterbrechen mich nun bestimmt und fragen mich, welcher Narr denn diese alberne Geschichte erzählt habe. Darauf muss ich ihnen antworten:

»Ihr selbst.« Anschließend versuche ich sie dann wieder zu besänftigen, aber das wird mit Sicherheit sehr schwer.

Dann wende ich mich den Christen zu; ich fasse mir ein Herz und sage etwa zu einem dominikanischen Glaubensinquisitor: »Lieber Bruder, du weißt, dass jede Provinz Italiens ihr eigenes Idiom hat und dass man in Venedig und Bergamo anders spricht als in Florenz. Die Accademia della Crusca hat die Sprache normiert; ihr Wörterbuch ist ein Regelwerk, an das man sich halten, und die Grammatik von Buonmattei ein unfehlbarer Führer, dem man folgen muss. Was glaubst du, hätten der Präsident der Akademie oder in seiner Abwesenheit Buonmattei allen Venezianern und Bergamasken, die auf ihrem Dialekt beharrten, guten Gewissens die Zunge herausschneiden dürfen?«

Der Inquisitor antwortet mir dann: »Da besteht ein gewaltiger Unterschied. In den Fällen, die wir bearbeiten, geht es um das Seelenheil des Betreffenden. Es ist zu seinem eigenen Besten, wenn das Direktorium der Inquisition euch ergreifen lässt auf die Aussage einer einzigen Person, und sei diese auch infam und selbst in den Händen der Justiz; wenn der Betreffende keinen Advokaten erhält, der ihn verteidigt; wenn er nicht einmal den Namen seines Anklägers erfährt; wenn der Inquisitor ihm Gnade verspricht und ihn dann doch verurteilt; wenn man ihn den fünf Graden der Tortur aussetzt; wenn man ihn danach öffentlich auspeitscht, auf die Galeeren schickt oder feierlich verbrennt.[72] Pater Ivonet, Doktor Cuchalon, Zanchinus, Camegius Roias, Felynus, Gomarus, Diabarus und Gemelinus haben all dies eindeutig festgelegt, und diese fromme Praxis leidet keinen Widerspruch.«

Ich nehme mir dann die Freiheit, ihm zu antworten:

»Lieber Bruder, vielleicht hast du recht. Ich bin überzeugt davon, dass ihr mir Gutes tun wollt. Aber könnte mein Seelenheil nicht auch ohne all das gerettet werden?«

Zwar besudeln diese absurden Gräuel nicht jeden Tag das Antlitz der Erde, aber sie sind in großer Zahl geschehen; wenn man sie listete, bekäme man leicht ein Buch zusammen, das dicker wäre als die Evangelien, die solche Taten missbilligen würden. Ich finde es nicht nur sehr grausam, in diesem kurzen Leben Menschen zu verfolgen, nur weil sie nicht so denken wie wir; sondern ich weiß auch nicht, ob es nicht ziemlich gewagt ist, sie für ewig verdammt zu erklären. Ich meine, Atome eines Augenblicks wie wir sollten nicht dergestalt den Urteilen des Schöpfers vorgreifen. Ich stelle mich ganz und gar nicht gegen den Satz: »Außerhalb der Kirche kein Heil.« Ich achte ihn, desgleichen alles, was die Kirche lehrt. Aber kennen wir denn eigentlich alle Wege Gottes und den ganzen Umfang seiner Barmherzigkeit? Dürfen wir nicht ebenso sehr auf ihn hoffen, wie wir ihn fürchten? Reicht es nicht, wenn wir der Kirche getreu sind? Muss jeder Einzelne die Rechte der Gottheit usurpieren und noch eher als sie über das ewige Schicksal aller Menschen entscheiden?

Wenn wir für einen König von Schweden oder Dänemark oder England oder Preußen Trauer anlegen, sagen wir dann, wir täten dies für einen Verworfenen, der auf ewig in der Hölle brennt? Es gibt in Europa vierzig Millionen Einwohner, die nicht zur römischen Kirche gehören; sollen wir zu jedem von ihnen sagen: »Mein Herr, in Anbetracht der Tatsache, dass Sie unausweichlich verdammt sind, will ich mit Ihnen weder speisen noch Geschäfte treiben noch Umgang haben«?

Welcher französische Botschafter denkt wohl bei sich, wenn er dem Großsultan vorgestellt wird: »Seine Hoheit wird unausweichlich die ganze Ewigkeit hindurch brennen, weil er sich der Beschneidung unterzogen hat«? Wenn er wirklich glaubte, dass der Großsultan der Todfeind Gottes sei und er einst dessen Rache anheimfalle – wie könnte er mit ihm reden? Sollte man ihn dann überhaupt zu ihm hinschicken? Wie kann man mit einem solchen Menschen verkehren? Welche Pflichten des bürgerlichen Lebens könnte man gegenüber Leuten erfüllen, wenn man tatsächlich überzeugt wäre, dass man es mit Verworfenen zu tun habe?

O ihr Anhänger eines gütigen und gnädigen Gottes! Wenn euer Herz grausam war, wenn ihr, die ihr doch jenen anbetet, dessen ganzes Gesetz lautete »Liebet Gott und Euren Nächsten«, wenn ihr also dieses reine und heilige Gesetz mit Sophismen und unverständlichen Disputen zugeschüttet habt; wenn ihr Zwietracht entzündet habt, bald um eines neuen Wortes, bald um einen einzigen Buchstaben des Alphabets willen; wenn ihr wegen der Auslassung einiger Worte, einiger Zeremonien, die andere Völker nicht kennen konnten, diesen mit ewigen Höllenstrafen gedroht habt – ja, wenn das alles so gewesen sein sollte, dann werde ich unter Tränen um das menschliche Geschlecht so zu euch reden:

»Versetzt euch mit mir zu jenem Tage, da alle Menschen gerichtet werden und Gott einem jeden nach seinen Werken vergilt. Ich sehe die Toten der vergangenen und der jetzigen Zeit vor seinem Angesichte erscheinen. Seid ihr nun wirklich ganz sicher, dass unser Schöpfer und Vater zu dem weisen und tugendhaften Konfuzius, zum Gesetzgeber

Solon, zum Pythagoras, zum Zaleukos, zum Sokrates, zum Plato, zu den göttlichen Antoninen, zum guten Trajan, all jenen Freudespendern des menschlichen Geschlechts, zu Epiktet, all jenen wahren Mustern der Menschheit – meint ihr tatsächlich, zu denen werde er sagen: ›Hinweg, ihr Ungeheuer! Gehet hin und leidet unendliche Martern, unendlich in Heftigkeit und in Dauer! Eure Qualen sollen so ewig sein, wie ich ewig bin. Und ihr, meine Vielgeliebten, Jean Châtel, Ravaillac, Damiens, Cartouche etc., die ihr nach den Regeln gestorben seid, die da voreschrieben sind, kommt her zur meiner Rechten und teilt mit mir auf immer mein Reich und meine Glückseligkeit.‹

Ihr schaudert zurück vor diesen Worten; aber sie sind mir nun einmal entwischt, und mehr habe ich euch auch nicht zu sagen.«

KAPITEL XXIII

Gebet an Gott

Nicht mehr an die Menschen richte ich mich jetzt, sondern an dich, Gott aller Wesen, aller Welten und aller Zeiten. Wenn schwache, in der Unermesslichkeit der Schöpfung verlorene und aus dem übrigen Universum nicht einmal wahrnehmbare Kreaturen es wagen dürfen, dich um etwas zu bitten, dich, der du alles gegeben hast, dich, dessen Ratschlüsse unwandelbar sind und ewig – sei so gütig und schaue mit Erbarmen herab auf die Versehen, die unserer Natur anhaften, und lasse diese Versehen uns nicht zum Elend gereichen. Unser Herz haben wir von dir nicht bekommen, dass wir einander hassen, und unsere Hände nicht, dass wir einander erwürgen. Gib, dass wir uns gegenseitig helfen, die Last eines beschwerlichen und vergänglichen Lebens zu tragen; dass die kleinen Unterschiede in der Kleidung, die unsere jämmerlichen Körper bedeckt, die Unterschiede zwischen all unseren unzureichenden Sprachen, zwischen all unseren lächerlichen Gebräuchen, zwischen all unseren mangelhaften Gesetzen, zwischen all unseren törichten Meinungen, zwischen all unseren Standesrängen, die in unseren Augen so weit auseinander, in deinen aber auf gleicher Höhe liegen – gib, dass all diese Kleinigkeiten, in denen die Atome, die da Menschen heißen, voneinander abweichen, kein Anstoß zu Hass und Verfolgung sind. Gib, dass jene, die, dich zu ehren, am hellen Mittage Kerzen anzünden, jene ertragen, die sich mit dem Lichte deiner Sonne begnügen; dass jene, die ihr Kleid mit weißem Leinen bedecken, um zu sagen, dass man dich lieben müsse, nicht jene verabscheuen, die dasselbe in einem Mantel aus schwarzer Wolle sagen; dass es einerlei ist, ob man in einem aus einer alten Sprache gebildeten oder in einem neueren Idiom zu dir betet; dass jene, die ein rotes oder violettes Kleid anhaben, die über eine kleine Parzelle unseres Erdenstaubes gebieten und die ein paar runde Stückchen eines gewissen Metalls besitzen, sich ohne Eingebildetheit dessen erfreuen, was sie *Größe* und *Reichtum* nennen, und dass die anderen ohne Neid auf sie schauen: Denn du weißt, dass an diesen eitlen Dingen nichts ist, was Neid verdiente oder worauf man sich etwas einbilden könnte.

Mögen doch alle Menschen sich erinnern, dass sie Brüder sind! Mögen sie doch die Tyrannei über die Seelen ebenso verabscheuen wie den Straßenraub, der mit Gewalt wegnimmt, was Arbeit und ruhiger Fleiß erbracht haben. Wenn schon die Plagen des Krieges unvermeidlich sind, so lasst uns einander nicht auch noch im Schoße des Friedens hassen und zerreißen. Lasst uns den Augenblick unseres Daseins verwenden, in tausend verschiedenen Sprachen, aber eines Sinnes von Siam bis nach Kalifornien deine Güte zu preisen, die uns diesen Augenblick geschenkt hat.

KAPITEL XXIV

Postskriptum

Während an diesem Werke gearbeitet wurde, das nur dem Ziele dient, die Menschen mitfühlender und sanftmütiger zu machen, schrieb ein anderer in der genau gegenteiligen Absicht; jeder hat eben so seine eigene Meinung. Der Verfasser ließ einen kleinen Kodex der Verfolgung drucken; der Titel lautet: *Die Übereinstimmung von Religion und Humanität* (ein Druckfehler; es muss heißen: *und Inhumanität*).

Der Autor dieses heiligen Pasquills stützt sich auf den heiligen Augustinus, der, nachdem er zuerst Sanftmut gepredigt hatte, schließlich für Verfolgung eintrat, nämlich als er der Stärkere war; ohnehin änderte er oft seinen Standpunkt. Der Verfasser zitiert auch Bossuet, den Bischof von Meaux, der den berühmten Fénelon, Erzbischof von Cambrai, verfolgte. Sein Vergehen: Er hatte drucken lassen, Gott sei es wert, dass man ihn um seiner selbst liebe.

Bossuet, ich gebe es zu, war eloquent; der Bischof von Hippo sprach nicht immer folgerichtig, aber redegewandter als die anderen Afrikaner war er schon, auch das gebe ich zu. Aber ich nehme mir die Freiheit, dem Autor des heiligen Pasquills zu sagen, was Armande in Molières *Gelehrten Frauen* äußert:

»Hast du ein Vorbild, und es soll dich richtig leiten,
Dann halte dich allein an seine guten Seiten.«
(Akt I, Szene 1)

Zum Bischof von Hippo würde ich sagen: »Hochwürdiger Herr, Sie haben Ihre Meinung geändert. Erlauben Sie mir, dass ich mich an Ihre frühere halte; die ist nämlich, glaube ich, die bessere.«

Zum Bischof von Meaux würde ich sagen: »Eminenz, Sie sind ein großer Mann; ich finde Sie mindestens so gelehrt wie den heiligen Augustinus und viel eloquenter. Aber warum haben Sie derart Ihrem Amtsbruder zugesetzt, der ebenso eloquent war wie Sie, wenn auch in einem anderen Bereich, und obendrein liebenswürdiger als Sie?«

Der Autor des heiligen Pasquills über die Inhumanität ist weder ein Bossuet noch ein Augustinus. Er würde aber, finde ich, einen exzellenten Inquisitor abgeben; ich wünsche, er säße in Goa an der Spitze jenes fabelhaften Tribunals. Außerdem ist er Staatsmann; er entfaltet gewaltige politische Konzepte: »Wenn es bei euch«, schreibt er, »viele Irrgläubige gibt, so schont sie, bekehrt sie; wenn es nur wenige gibt, dann setzt die Galgen und Galeeren in Gebrauch, und es wird euch sehr gut dabei gehen.« Diesen Rat erteilt er auf Seite 89/90.

Gottlob bin ich ein guter Katholik; ich habe nicht zu befürchten, was die Hugenotten »das Martyrium« nennen. Aber wenn dieser Mann jemals Premierminister wird, wie er sich in seinem Pasquill zu schmeicheln scheint, so bescheide ich ihm hiermit, dass ich am selben Tage, da er seine Ernennungspapiere erhält, nach England gehe.

Einstweilen kann ich nur der Vorsehung danken, dass sie Leute seiner Art immer mit einer so schwachen Urteilskraft ausstattet. Er geht so weit, Bayle unter die Parteigänger der Intoleranz einzureihen: das ist schlau und geschickt. Da räumt Bayle ein, es sei unerlässlich, Aufrührer und Scharlatane zu bestrafen – und daraus schließt unser Mann, dass man rechtschaffene Leute, die niemandem etwas zuleide tun, mit Feuer und Schwert verfolgen müsse.

Sein Buch imitiert sehr deutlich die *Apologie der Bartholomäusnacht.* Entweder ist der Autor jener Apologet selbst oder sein Echo. Im einen wie im anderen Falle kann man nur hoffen, dass weder der Lehrmeister noch der Schüler jemals unseren Staat regieren.

Aber für den Fall, dass dies doch geschieht, reiche ich schon einmal prophylaktisch diesen Antrag ein, bezugnehmend auf zwei Zeilen des heiligen Pasquills, Seite 93:

»Darf man dem Wohle des zwanzigsten Teils der Nation das Wohl der ganzen Nation opfern?«

Gesetzt, dass in Frankreich tatsächlich zwanzig römische Katholiken auf einen Hugenotten kommen, heißt das, meine ich, doch noch nicht, dass der Hugenotte die zwanzig Katholiken auffrisst; aber weshalb sollten umgekehrt auch jene zwanzig Katholiken diesen einen Hugenotten auffressen? Und warum sollte man diesen Hugenotten daran hindern zu heiraten? Gibt es nicht Bischöfe, Äbte, Mönche, die Landbesitz haben in der Dauphiné, im Gévaudan, um Agde, um Carcassonne? Und haben diese Bischöfe, diese Äbte, diese Mönche nicht Pächter, die leider nicht an die Transsubstantiation glauben? Liegt es nicht im Interesse jener Bischöfe, Äbte, Mönche und auch des gesamten Gemeinwesens, dass diese Pächter vielköpfige Familien haben? Sollen nur jene, die das Abendmahl unter einerlei Gestalt nehmen, Kinder zeugen dürfen? Das wäre wahrlich weder richtig noch anständig.

»Die Aufhebung des Edikts von Nantes hat bei Weitem

nicht so viel Schaden getan, wie man ihr nachsagt«, behauptet der Autor.

Wohl wahr, wenn man ihr mehr nachsagt, als sie angerichtet hat, dann übertreibt man, und der Fehler fast aller Historiker besteht darin, dass sie übertreiben. Aber all die Glaubensstreiter machen wiederum den Fehler, die Missetaten, welche man ihrer Seite vorwirft, auf null herunterzureden. Vertrauen wir in dieser Sache weder den Doktoren von Paris noch den Predigern von Amsterdam.

Wir wollen den Graf d'Avaux zum Schiedsrichter nehmen, 1685–88 französischer Botschafter in Holland. Er schreibt (Band V, Seite 181), ein einziger Mann habe ihm angeboten offenzulegen, dass die Verfolgten über zwanzig Millionen aus Frankreich fortgeschafft hätten. Ludwig XIV. antwortet Herrn d'Avaux: »Mich erreichen täglich Berichte von unzähligen Konversionen. Daher zweifle ich nicht mehr, dass selbst die Hartnäckigsten dem Beispiel der anderen folgen werden.«

Man ersieht aus diesem Brief, dass Ludwig XIV. volles Vertrauen in die Stärke seiner Position hat. Man sagt ihm ja auch jeden Morgen: »Sire, Sie sind der größte König der Welt; und der ganzen Welt wird es eine Ehre sein, zu denken wie Sie, sobald sie nur gesprochen haben.« Pellisson, der sich in seiner Stellung als oberster Finanzverwalter bereichert hatte; Pellisson, der drei Jahre als Komplize Fouquets in der Bastille gesessen hatte; Pellisson, der ursprünglich Calvinist war, dann aber Diakon mit Pfründen dabei wurde; der Gebete für die Messe und galante Verse an Iris drucken ließ; der verschiedene Verwalterposten und eine Stellung als Bekehrer innehatte – dieser Pellisson also legt alle drei Monate eine große Liste Abschwörungen vor, und für jede einzelne davon bekommt er sieben bis acht Écus. Nun macht er seinem König weis, dass er, wenn Majestät es wolle, zum selben Preis auch sämtliche Türken bekehren würde. Er tut sich mit mehreren zusammen, um den König zu täuschen; kann dieser der Verführung widerstehen?

Unterdessen meldet besagter Herr d'Avaux dem König, dass ein gewisser Vincent, der bei Angoulême über fünfhundert Arbeiter beschäftige, auswandere und dies Schaden nach sich ziehen werde (Band 5, Seite 194).

Derselbe Herr d'Avaux berichtet, der Prinz von Oranien habe zwei neue Regimenter aufstellen lassen – durch geflohene französische Offiziere. Außerdem seien die Matrosen dreier französischer Schiffe desertiert und dienten jetzt auf denen des Prinzen von Oranien. Über die erwähnten Regimenter hinaus legt sich der Prinz von Oranien noch eine Kompanie aus geflüchteten Kadetten zu, die zwei französische Kapitäne befehligen (S. 240). Der Botschafter schreibt ferner am 9. Mai 1686 dem Minister de Seignelay, er könne ihm den Verdruss nicht verhehlen, den er empfinde, wenn er sehe, wie französische Manufakturen sich in Holland niederlassen, von wo sie bestimmt nie wieder fortgingen.

Man füge diesen ganzen Zeugnissen noch jene aller Intendanten des Königreiches aus dem Jahre 1699 hinzu und urteile dann, ob die Rücknahme des Ediktes von Nantes nicht doch mehr Übles als Gutes gebracht hat, auch wenn der ehrenwerte Autor des Buches *Die Übereinstimmung von Religion und Inhumanität* da anderer Meinung ist.

Ein Marschall von Frankreich, bekannt für seinen bedeutsamen Geist, sagte vor ein paar Jahren: »Ich weiß nicht, ob die Dragonaden notwendig waren; notwendig aber ist, dass es keine mehr gibt.«

Ich gestehe, dass ich geglaubt habe, ich sei ein wenig zu weit gegangen, als ich den Brief, den der Korrespondent des Pater Le Tellier diesem geschrieben hatte, an die Öffentlichkeit brachte. Der Laienbruder schlug darin zur Lösung des Religionszwistes Pulverfässer vor. Man wird mir nicht glauben, sagte ich mir; man wird den Brief für unterschoben halten. Meine Befürchtungen wurden jedoch glücklich zerstreut, als ich in *Übereinstimmung von Religion und Inhumaniät* auf Seite 149 die folgenden hübschen Worte las:

»Die vollständige Vernichtung der französischen Protestanten würde Frankreich nicht mehr schwächen, als ein Aderlass einen Patienten von guter Gesamtkonstitution schwächt.«

Dieser mitfühlende Christ, der gerade gesagt hat, die Protestanten machten nur ein Zwanzigstel der Nation aus, will also das Blut dieses zwanzigsten Teils vergießen – und er setzt diese Operation gleich mit einem simplen Aderlass, wo man nur hineinsticht und ein Becken darunterhält! Gott bewahre uns vor ihm, und am besten gleich auch vor der dritten Zwanzigstelsteuer!

Wenn also dieser rechtschaffene Mann vorschlägt, ein Zwanzigstel des Volkes zu töten, warum soll dann der Freund des Paters Le Tellier nicht vorgeschlagen haben, ein Drittel desselben in die Luft zu sprengen, abzukehlen oder zu vergiften? Es ist mithin sehr wahrscheinlich, dass jener Brief an den Pater Le Tellier tatsächlich geschrieben wurde.

Der fromme Autor kommt am Ende zu dem Schluss, dass Intoleranz eine vortreffliche Sache sei, weil sie, so seine Worte, »von Jesus Christus nicht ausdrücklich verboten wurde.« Aber Jesus Christus hat auch jene nicht ausdrücklich verdammt, die Paris an allen Ecken anzünden würden. Soll man deshalb die Brandstifter heiligsprechen?

Wenn also auf der einen Seite die Natur ihre sanfte und wohltätige Stimme hören lässt, erhebt auf der anderen der Fanatismus, jener Feind der Natur, seine Hetzschreie. Und wenn sich der Frieden einmal den Menschen zeigt, schmiedet die Intoleranz wieder ihre Waffen. O ihr Schiedsrichter der Nationen, die ihr Europa den Frieden wiedergegeben habt – entscheidet zwischen dem Geiste des Friedens und dem Geiste des Mordes!

KAPITEL XXV

Fortsetzung und Schluss

Wir erfahren, dass am 7. März 1763 zu Versailles auf einer Versammlung des ganzen Staatsrates in Anwesenheit der Staatsminister und unter Vorsitz des Kanzlers der derzeitige Requestenmeister, Herr de Crosne, die Sache Calas dargetan hat. Er befleißigte sich dabei der Unparteilichkeit eines Richters, der Exaktheit eines Wohlinformierten, der schlichten und wahrhaften Eloquenz eines staatsmännischen Redners, die allein sich in solch einer Runde geziemt. Eine gewaltige Menge von Menschen aus allen Ständen erwarteten auf der Galerie des Schlosses die Entscheidung des Rates. Bald wurde dem König der Beschluss gemeldet, befürwortet von ausnahmslos allen Stimmen: Das Parlament von Toulouse erhielt Weisung, dem Staatsrat die Akten des Prozesses zuzusenden und die Urteilsbegründung beizulegen, die Jean Calas seinerzeit auf dem Rade hatte enden lassen. Seine Majestät billigte die Entscheidung des Rates.

Es gibt also doch noch Humanität und Gerechtigkeit unter den Menschen, und es gibt sie besonders im Rate jenes geliebten und dieser Liebe auch würdigen Königs. Die unglückliche Angelegenheit einer Familie schlichten Standes hat Seine Majestät, dessen Minister, den Kanzler und den ganzen Rat beschäftigt und wurde dort so grunddurchdacht geprüft, wie es sonst nur geschieht, wenn es um Krieg oder Frieden geht. Die Liebe zur Billigkeit und zum Wohl der Menschheit haben alle beteiligten Richter geleitet. Dank sei dafür dem Gotte der Barmherzigkeit, denn nur er ja kann Billigkeit und alle anderen Tugenden eingeben!

Wir stellen hier ausdrücklich fest, dass wir die Betroffenen nie persönlich kennengelernt haben: Wir kannten nicht den glücklosen Calas selbst, den die acht Richter in Toulouse aufgrund von Indizien, wie sie schwächer kaum sein könnten, ums Leben brachten, entgegen den Verordnungen unserer Könige und entgegen den Gesetzen aller Völker; wir kannten nicht seinen Sohn Marc-Antoine, dessen seltsamer Tod die acht Richter in den Irrtum stürzte; wir kannten nicht die so achtbare wie unglückliche Mutter und ebenso wenig ihre unschuldigen Töchter, die mit ihr zweihundert Meilen reisten, um ihr tragisches Geschick und ihre Anständigkeit zu Füßen des Thrones zu bekunden.

Unser Gott weiß, dass wir nur vom Geiste der Gerechtigkeit, der Wahrheit und des Friedens beseelt waren, als wir unsere Gedanken über die Toleranz aufschrieben, veranlasst durch das Ende des Jean Calas, den der Geist der Intoleranz zu Tode gebracht hat.

Es lag nicht in unserer Absicht, die acht Richter in Toulouse zu beleidigen, als wir sagten, dass sie sich geirrt haben, wie inzwischen ja auch der gesamte Rat vermutet. Im Gegenteil, wir haben ihnen eine Möglichkeit eröffnet, sich vor ganz Europa zu rechtfertigen. Diese Möglichkeit besteht darin, zuzugeben, dass zweifelhafte Indizien und das Geschrei einer wahnsinnigen Menge ihre Gerechtigkeit überwältigt haben. Des Weiteren müssten sie die Witwe um Vergebung bitten und, soweit sie dies vermögen, den kompletten Ruin einer unschuldigen Familie wiedergutmachen, indem sie sich jenen anschließen, die ihr in ihrem

Elend beistehen. Sie haben den Vater zu Unrecht sterben lassen; nun ist es an ihnen, die Stelle des Vaters für die Kinder anzunehmen – vorausgesetzt, dass die Waisen solch ein schwaches Zeichen sehr angebrachter Reue akzeptieren wollen. Es würde den Richtern zur Ehre gereichen, diese Geste anzubieten, und der Familie, sie abzulehnen.

Besonders Sire David, Ratsherr zu Toulouse, hätte allen Grund, hier mit gutem Beispiel voranzugehen und zu bekennen, dass ihm sein damaliges Handeln leidtue. Er war seinerzeit der führende Verfolger der Unschuld. Noch auf dem Schafott beleidigte er einen sterbenden Familienvater. Diese Grausamkeit ist unerhört; aber da Gott vergibt, müssen auch die Menschen dem vergeben, der sein Unrecht wiedergutmacht.

Aus dem Languedoc erreichte mich ein Brief, datiert auf den 20. Februar 1763. Darin heißt es:

»Ihr Werk über die Toleranz scheint mir erfüllt von Menschlichkeit und Wahrheit. Aber ich fürchte, es bringt der Familie Calas mehr Schaden als Nutzen. Es könnte die acht Richter erbittern, die für das Rad votiert haben. Sie werden beim Parlament beantragen, dass Ihr Buch verbrannt werde; und die Fanatiker (die gibt es nämlich immer noch) werden mit Schreien der Wut auf die Stimme der Vernunft antworten.« etc.

Hier meine Erwiderung:

Die acht Richter von Toulouse können gern mein Buch verbrennen; das bewiese nur, dass es gut ist. Man hat ja auch Pascals *Briefe in die Provinz* verbrannt, die zweifellos noch viel besser waren. Es ist ja auch nichts einfacher: Jeder kann bei sich zu Hause Bücher und Papiere verbrennen, die ihm missfallen.

Mein Werk kann der Familie Calas, die ich gar nicht kenne, weder schaden noch nützen. Der unparteiische und rechtsfirme Rat des Königs urteilt nach den Gesetzen, nach der Billigkeit, nach den Akten, nach der Prozessordnung und nicht nach einer Schrift, die gar nicht juristischen Charakters ist und in deren Mittelpunkt etwas ganz anderes steht als der Fall, über den der Rat urteilt.

Man könnte Folianten für oder gegen die acht Richter von Toulouse, für oder gegen die Toleranz drucken lassen – weder der Rat noch irgendein Gericht würden diese Bücher als Prozessakten ansehen.

Die Abhandlung über die Toleranz ist eine Bittschrift, welche die Humanität in aller Demut der Macht und der Einsicht vorlegt. Ich säe ein Korn, das eines Tages eine Ernte hervorbringen könnte. Erwarten wir alles von der Zeit, von der Güte des Königs, von der Weisheit seiner Minister und vom Geiste der Vernunft, der überall sein Licht auszubreiten beginnt.

Die Natur sagt zu allen Menschen: »Ich habe euch alle schwach und unwissend zur Welt kommen lassen, damit ihr für ein paar Minuten auf ihr vegetiert und sie dann mit euren Kadavern düngt. Da ihr schwach seid, helft einander; da ihr unwissend seid, klärt einander auf und übt Nachsicht untereinander. Wenn ihr einmal allesamt derselben Meinung seid – was bestimmt nie geschehen wird – bis auf einen Einzigen, der entgegengesetzter Meinung ist, dann müsst ihr diesem einen verzeihen; denn ich bin es, die ihn so denken lässt, wie er denkt. Ich habe euch Arme gegeben, damit ihr das Land bebauen könnt, und einen kleinen Schimmer Verstand, damit ihr euch zurechtfindet. Ich habe in eure Herzen einen Keim des Mitgefühls gesetzt, denn ihr sollt einander helfen, das Leben zu ertragen. Erstickt diesen Keim nicht; verderbt ihn nicht; wisset, dass er göttlich ist; und ersetzt nicht die Stimme der Natur durch die elenden Eifereien der Schulen.

Allein ich bin es, die euch eint, auch noch trotz eurem Widerstreben, indem ich eure gegenseitigen Bedürfnisse benutze; und dies sogar inmitten eurer grausamen Kriege, die ihr so leichtfertig anzettelt – diesem ewigen Schauplatz der Fehler, der unglücklichen Fügungen und des Unheils. Ich allein halte die schlimmen Folgen der endlosen Streitigkeiten auf, die ein Volk spalten: den Zwist zwischen Adel und Regierung, zwischen diesen beiden und dem Klerus und schließlich auch den zwischen Bürger und Bauer. Diese Gruppen kennen alle die Grenzen ihrer Rechte nicht; auf lange Sicht aber hören sie alle unbewusst meine Stimme, die zu ihrem Herzen spricht. Ich allein bewahre die Billigkeit in den Gerichten, wo alles sonst der Unbestimmtheit und dem Eigensinne ausgeliefert wäre, inmitten eines wirren Haufens von Gesetzen, die oft aufs Geratewohl und für ein vorübergehendes Bedürfnis gemacht werden, Gesetzen, die von Provinz zu Provinz, von Stadt zu Stadt verschieden sind und sich sogar an ein und demselben Ort fast immer untereinander widersprechen. Ich allein kann zur Gerechtigkeit inspirieren, wenn die Gesetze zur Rechtsverdrehung inspirieren. Wer auf mich hört, urteilt stets richtig; wer jedoch nur danach strebt, widersprechende Meinungen zu versöhnen, geht in die Irre.

Da gibt es ein ungeheures Gebäude, dessen Fundament

ich mit meinen eigenen Händen gelegt habe. Fest und schlicht stand es da; alle Menschen konnten sich in Sicherheit darin aufhalten. Sie mussten aber unbedingt Ornamente hinzufügen, und die waren sehr seltsam, sehr plump und sehr unnütz. Der Bau stürzt nun an allen Seiten ein. Die Menschen nehmen sich die Steine und werfen sie einander an den Kopf. Ich rufe ihnen zu: Haltet ein, beseitigt diese traurigen Trümmer, die euer Werk sind, und wohnt mit mir friedlich in jenem neuen unerschütterbaren Gebäude, welches das meinige ist.«

Neu hinzugefügtes Kapitel mit Bericht über die letzte Gerichtsentscheidung zugunsten der Familie Calas

Vom 7. März 1763 bis zum letztinstanzlichen Urteil mussten noch zwei Jahre vergehen: So einfach ist es für den Fanatismus, der Unschuld das Leben zu entreißen, und so schwer für die Vernunft, ihr Gerechtigkeit zu verschaffen. Es galt noch einige Verzögerungen durchzustehen, die mit juristischen Formalitäten bei Prozessen unvermeidlich verbunden sind. Je weniger man sich an diese Formalitäten seinerzeit bei Calas' Verurteilung gehalten hatte, desto genauer musste der Staatsrat sie nun beachten. Das Parlament von Toulouse zwingen, dem Rat die gesamten Unterlagen zu überstellen, damit der diese prüfen und die Sache wieder aufrollen kann – dazu reicht ein ganzes Jahr nicht aus. Abermals war es Herr der Crosne, der mit dieser mühsamen Arbeit betraut wurde. Eine Versammlung von etwa achtzig Richtern kassierte das Urteil von Toulouse und ordnete die Gesamtrevision des Prozesses an.

Noch andere wichtige Angelegenheiten beschäftigten damals fast alle Gerichtshöfe des Königreiches. Die staatlichen Autoritäten vertrieben die Jesuiten. Ihre Gesellschaft wurde in Frankreich aufgelöst. Sie waren intolerant gewesen und Verfolger; nun wurden sie ihrerseits verfolgt.

Die verstiegene Einführung der Beichtscheine, als deren geheime Urheber man die Jesuiten vermutete und die sie ja auch öffentlich rechtfertigten, hatte schon den Hass des Volkes gegen sie befeuert. Ein ungeheurer Bankrott eines ihrer Missionare – ein Bankrott, der teilweise ein betrügerischer gewesen sein soll – vollendete ihr Verderben. Allein die Tatsache, dass hier die Worte *Missionare* und *Bankrotteure* in eine Verbindung rückten, zu der sie doch eigentlich kaum taugten, verurteilte sie in aller Augen. Hinzu kamen die Ruinen von Port Royal und die Gebeine so vieler berühmter Männer, die sie noch in ihren Grabstätten beleidigt hatten und die zu Beginn unseres Jahrhunderts exhumiert worden waren, und zwar ausschließlich auf Anordnungen von Jesuiten hin; all dies trug weiter zu ihrem schwindenden Ansehen bei. Man kann die Geschichte ihrer Ächtung nachlesen in dem exzellenten Buch *Über die Zerschlagung der Jesuiten in Frankreich*, einem unparteiischen, weil von einem Philosophen verfassten Werke, geschrieben mit der gedanklichen Feinheit und der Eloquenz eines Pascal, vor allem jedoch mit einer überlegenen Intelligenz, die nicht wie bei Pascal verdunkelt ist von Vorurteilen, wie ihnen auch große Männer bisweilen verfallen.

Diese große Affäre [um die *Societas Jesu*, d. Übers.], in deren Verlauf einige Parteigänger der Jesuiten meinten, hier werde die Religion mit Füßen getreten, die Mehrheit aber glaubte, sie werde hier gerächt, drängte für mehrere Monate den Prozess Calas aus dem Blickfeld der Öffentlichkeit. Aber nachdem der König das letzte Urteil jenem Gericht übertragen hatte, das *les requêtes de l'hôtel* heißt, vergaß eben dieses Publikum, das gern von einem Schauplatz zum anderen wechselt, die Jesuiten, und der Fall Calas nahm ihre ganze Aufmerksamkeit ein.

Die Kammer der *requêtes de l'hôtel* ist ein oberster Gerichtshof, der aus Requestenmeistern zusammengesetzt ist; er entscheidet in Prozessen zwischen Amtsträgern des Hofes sowie in Fällen, die der König ihnen zuweist. Man hätte kein Gericht wählen können, das mit der Sache besser vertraut gewesen wäre: Hier saßen genau dieselben Magistrate, die schon zweimal die Vorentscheidungen zur Revision gefällt und die über den Sachverhalt und die Formalitäten genau Bescheid wussten. Die Witwe des Jean Calas, sein Sohn und der Herr de Lavaisse gingen wieder ins Gefängnis; aus dem Languedoc ließ man die alte katholische Dienerin kommen, die ihre Herren und ihre Herrin keinen Augenblick verlassen hatte in jener Zeit, als gegen alle Wahrscheinlichkeit behauptet wurde, sie hätten ihren Sohn und Bruder erwürgt. Man beriet hier über dieselben Akten, die dazu gedient hatten, Jean Calas aufs Rad und seinen Sohn Pierre in die Verbannung zu verdammen.

Zu diesem Zeitpunkt erschienen eine neue Denkschrift des eloquenten Herrn de Beaumont und eine des jungen Herrn de Lavaisse, den die Richter von Toulouse erst ungerechtfertigterweise in jenen Strafprozess hineinzogen, dann aber – geht es inkonsequenter? – nicht freisprachen. Dieser junge Mann verfasste selbst eine Darstellung des Sachverhalts, die für ebenbürtig mit der des Herrn de Beaumont befunden wurde. Er hatte den doppelten Vorteil, sowohl für sich als auch für die Familie zu sprechen, mit denen er die Ketten geteilt hatte. Er hätte die seinen leicht zerbrechen können und nicht mehr im Gefängnis von Toulouse sitzen müssen, wäre er nur bereit gewesen auszusagen, dass er die Calas um die Zeit, da Vater und Mutter angeblich ihren Sohn ermordeten, kurz verlassen habe. Man drohte ihm mit Martern; man zeigte ihm die Instrumente für Folter und Hinrichtung; aber all das nahm er lieber in Kauf, als jene Äußerung zu tun, die eine Lüge gewesen wäre. All diese Details legte er in seiner Schrift dar, und das mit einer so edlen und doch schlichten Aufrichtigkeit, so entfernt von aller Großtuerei, dass er jene rührte, die er eigentlich bloß hatte überzeugen wollen, und sich Bewunderung erwarb, obwohl es ihm gar nicht um Ansehen ging.

Sein Vater, ein berühmter Advokat, hatte keinen Anteil an dem Werk. Er sah sich nun von seinem Sohne mit einem Schlag in der juristischen Kompetenz eingeholt, obwohl der nie mit dem rechtlichen Bereich zu tun gehabt hatte.

Unterdessen kamen Personen höchsten Ansehens gleich scharenweise in das Gefängnis, wo Madame Calas mit ihren Töchtern einsaß. Man war vor Mitgefühl zu Tränen gerührt und leistete reichlich Hilfe. Was man jedoch so *Nächstenliebe* nennt, wurde ihnen von niemandem zuteil. Die Nächstenliebe, die übrigens so oft etwas Kleinliches und Abschätziges an sich hat, gehört zu den Frömmlern, und die Frömmler waren immer noch gegen die Calas.

Es kam der Tag, an dem die Unschuld vollends triumphierte: der 9. März 1765. Nachdem Herr de Bayencourt das ganze Verfahren und die Angelegenheit bis in die kleinsten Details dargetan hatte, erklärten alle Richter die Familie einstimmig für unschuldig und für schikanös und widerrechtlich vom Toulouser Parlament verurteilt. Sie rehabilitierten posthum den Vater. Sie erlaubten der Familie, sich an die zuständige Instanz zu wenden und die Richter zur Verantwortung zu ziehen, die veranlassen sollten, dass die Geschädigten die Gerichtskosten sowie die eingebüßten Vermögensteile samt Zinsen zurückerhielten; es hätte besser ausgesehen, wenn die Toulouser Magistrate dies von sich aus angeboten hätten.

In Paris herrschte allgemeine Freude; man lief auf den großen Plätzen und in den Promenaden zusammen; man rannte herbei, um die so unglückliche und jetzt so trefflich ins Recht gesetzte Familie zu sehen; man applaudierte, wenn die Richter vorbeizogen, man überhäufte sie mit Segenswünschen. Was dem Schauspiel noch eine besonders betroffen machende Note beigab, war die Tatsache, dass jener Tag, der neunte März, vom Kalender her eben der Tag war, an dem drei Jahre zuvor Calas mit der grausamsten aller Hinrichtungsarten zu Tode gebracht wurde.

Die Requestenmeister hatten der Familie Calas vollständige Gerechtigkeit widerfahren lassen, und damit hatten sie nur ihre Pflicht getan. Es gibt aber noch eine andere Pflicht, und zwar die zur Wohltätigkeit, die von den Gerichten seltener erfüllt wird, da sie anscheinend glauben, sie seien nur für Billigkeit zuständig. Die Requestenmeister beschlossen, einen gemeinsamen Brief an Seine Majestät den König zu schreiben, in dem sie diesen baten, den Ruin der Familie durch Schenkungen aus seiner Hand zu heilen. Der Brief wurde geschrieben. Majestät reagierte und ließ 36 000 Livres an die Mutter und ihre Kinder auszahlen; von diesen 36 000 waren 3000 für die tugendhafte Dienerin bestimmt, die, indem sie standhaft ihre Herrschaft verteidigte, die Wahrheit verteidigte.

Der König verdiente durch diese Güte, wie durch viele andere Taten mehr, jenen Beinamen, den ihm die Liebe seines Volkes gab. Möge dieses Beispiel die Menschen dazu bringen, sich von der Toleranz leiten zu lassen; ohne sie würde der Fanatismus die Erde verwüsten oder sie zumindest für alle Zeit zu einem traurigen Ort machen! Wohl wahr, es handelt sich hier nur um eine einzelne Familie, und die Raserei der Sekten hat ihrer tausende zerstört. Aber heute, da ein Hauch von Frieden die christlichen Gesellschaften animiert, sich nach Jahrhunderten Gemetzel einmal zu erholen, in dieser Zeit muss das Unglück der Calas' doch einen viel größeren Eindruck machen, so ein wenig wie ein Donner, der in die Heiterkeit eines schönen Tages bricht. Solche Fälle sind selten, aber sie geschehen, und sie sind die Folgen jenes finsteren Aberglaubens, der schwache Seelen dazu bringt, jeden, der nicht denkt wie sie, des Verbrechens zu bezichtigen.

Voltaires Anmerkungen

1 12. Oktober 1761.

2 Nachdem der Leichnam ins Rathaus gebracht worden war, fanden sich nur eine winzige Schramme an der Nasenspitze und ein kleiner Fleck auf der Brust. Beides rührte wohl von Unachtsamkeit während des Transports her.

3 Ich kenne aus der Geschichte nur zwei Beispiele für Väter, die ihr Kind um der Religion willen ermordet haben sollen.
Fall eins: der Vater der heiligen Barbara. Er hatte für seine Badestube zwei Zimmer bestimmt. Barbara machte während seiner Abwesenheit ein drittes in die Wand – zu Ehren der heiligen Dreifaltigkeit. Sie zeichnete *mit den Fingerspitzen* das Symbol des Kreuzes auf marmorne Säulen, wo es sich tief in den Stein eingrub. Als sie floh, rannte ihr Vater mit dem Schwert in der Hand hinter ihr her. Aber sie entkam mitten durch einen Berg, der sich zuvor eigens für sie geöffnet hatte. Der Vater lief um den Berg herum und konnte seine Tochter wieder einfangen; er ließ sie entkleiden und peitschen, aber Gott hüllte sie in eine weiße Wolke. Schließlich schlug ihr der Vater den Kopf ab. So berichtet es die *Fleur des Saints* [eine kirchliche Sammlung von Heiligenlegenden, d. Übers.].
Fall zwei: der westgotische Prinz Hermenegild. Er revoltierte gegen seinen Vater, den König, lieferte ihm 584 gar eine Schlacht, wurde besiegt und von einem Offizier getötet. Man hat aus ihm einen Märtyrer gemacht, weil der Vater Arianer war.

4 »Ein Dominikaner kam in mein Gefängnis und drohte, ich würde dieselbe Todesart erleiden, wenn ich nicht abschwüre. Dies bezeuge ich vor Gott. 23. Juli 1762.« Pierre Calas

5 Die Texte wurden in mehreren Städten raubgedruckt, so dass Madame Calas die Frucht dieser Großzügigkeit verlorenging.

6 *Dévot* kommt von dem lateinischen Wort *devotus.* Im alten Rom wurden jene *devoti* genannt, die sich für das Wohl der Republik aufopferten, etwa die Curtius und Decius.

7 Sie erneuerten die Meinung des Berengar von Tours über die Eucharistie; sie behaupteten, dass ein Körper nicht an hunderttausend verschiedenen Orten zugegen sein könne, nicht einmal

durch göttliche Allmacht; sie leugneten, dass Eigenschaften ohne Gegenstand existieren können; sie hielten es für absolut unmöglich, dass, was Augen, Geschmack und Magen als Brot und Wein empfinden, in dem Moment vernichtet wird, wo es da ist. Sie vertraten all jene Abirrungen, die man schon an Berengar verdammt hatte. Sie beriefen sich auch auf mehrere Passagen bei den Kirchenvätern, vor allem auf Justin, der in seinem *Dialog mit Tryphon* explizit sagt: »Das Opfern des feinen Mehls [...] ist die symbolische Handlung des Abendmahls, das Jesus Christus uns im Gedenken an sein Leiden abzuhalten befiehlt.« Im Original:

Καὶ ἡ τῆς σεμιδάλεως, &c. τύπος ἦν τοῦ ἄρτου τῆς εὐχαριστίας, ὃν εἰς ἀνάμνησιν τοῦ πάθους, &c. Ἰησοῦς Χριστὸς ὁ κύριος ἡμῶν παρέδωκε ποιεῖν.
(Hier zitiert nach der Editio Londoniensis, 8°, 1719, S. 119.)

Sie griffen alles auf, was in den ersten Jahrhunderten gegen den Reliquienkult gesagt worden war; sie zitierten die Worte des Vigilantius: »Ist es notwendig, dass ihr gemeinen Staub hochachtet oder gar anbetet? Beleben die Seelen der Märtyrer auch noch ihre Asche? Bräuche des Götzendienstes sind in die Kirche eingedrungen: Man entzündet Lichter schon zur hellen Mittagszeit. Solange wir leben, können wir füreinander beten; aber was nützen solche Gebete nach dem Tode?«
Aber sie sagten nicht, wie heftig sich Hieronymus gegen diese Worte des Vigilantius gewendet hatte. Kurz, sie wollten, dass alles so sei wie in den apostolischen Zeiten und wollten nicht gelten lassen, dass die Kirche, nachdem sie sich erweitert hatte und stärker geworden war, notwendigerweise auch ihre Disziplin erweitern und verstärken musste. Sie verdammten die Reichtümer der Kirche; dabei erschienen diese doch notwendig, um dem Kult Majestät zu sichern.

8 Der redliche und ehrenwerte Präsident de Thou berichtet über diese so unschuldigen und unglücklichen Menschen: *Homines esse qui trecentis circiter abhinc annis asperum et incultum solum vectigale a dominis acceperint, quod improbo labore et assiduo cultu frugum ferax et aptum pecori reddiderint; patientissimos eos*

laboris et inediae, a litibus abhorrentes, erga egenos munificos, tributa principi et sua jura dominis sedulo et summa fide pendere; Dei cultum assiduis precibus et morum innocentia prae se ferre, caeterum raro divorum templa adire, nisi si quando ad vicina suis finibus oppida mercandi aut negotiorum causa divertant; quo si quandoque pedem inferant, non Dei divorumque statuis advolvi, nec oereos eis aut donoria ulla ponere; non sacerdotes ab eis rogari ut pro se aut propinquorum manibus rem divinam faciant: non cruce frontem insignire uti aliorum moris est; cum coelum intonat, non se lustrali aqua aspergere, sed sublatis in coelum oculis Dei opem implorare; non religionis ergo peregre proficisci, non per vias ante crucium simulacra caput aperire; sacra alio ritu et populari lingua celebrare; non denique pontifici aut episcopis honorem deferre, sed quosdam e suo numero delectos pro antistitibus et doctoribus habere. Haec uti ad Franciscum relata VI id. feb., anni, etc. – »Es seien Leute, die vor etwa dreihundert Jahren ein raues und unbebautes Land von den Eigentümern gegen Grundzins übernahmen, das sie mit übermäßigem Fleiß und unablässiger Pflege fruchtbar und geeignet für Viehzucht gemacht hätten. Sie waren bereit, Arbeit und Hunger zu ertragen; Rechtsstreitigkeiten betrachteten sie mit Abscheu; sie unterstützten die Armen; sie zahlten gewissenhaft und höchst treu ihrem Fürsten Steuern und Abgaben an ihre Grundherren; ihre Gottesverehrung drückten sie aus durch eifriges Beten und anständigen Lebenswandel. In die Kirche freilich gingen sie selten, außer wenn sie einmal die benachbarten Städte aufsuchen wollten, um etwas zu kaufen oder Handel zu treiben. Wenn sie aber einmal ein Gotteshaus betraten, knieten sie nicht vor den Kruzifixen und den Heiligenstatuen nieder, opferten ihnen auch keine Kerzen oder sonstige Gaben. Auch baten sie nie die Priester, für sich oder für die Seelen verstorbener Angehöriger zu beten; sie machten auch nie, wie anderswo üblich, das Kreuzzeichen auf ihre Stirn. Wenn der Himmel donnerte, benetzten sie sich nicht mit Weihwasser, sondern flehten mit himmelwärts gerichteten Blicken Gott um Hilfe an. Sie pilgerten nicht, und auf den Straßen zogen sie vor den dort aufgestellten Kreuzen nicht den Hut. Sie feierten ihre Gottesdienste mit einem eigenen Ritus und in volkstümlicher Sprache. Der Papst und die Bischöfe waren für sie keine Autoritäten; sie wählten vielmehr aus ihren eigenen Reihen Vorsteher und Lehrer. So wurde es Franz am 6. Februar dieses Jahres erzählt« (Thuanus [d. i. Jacques-Auguste de Thou, d. Übers.], *Historia sui temporis*, Buch 6).

Frau de Cental, der ein Teil der verwüsteten Ländereien gehörte, auf denen man jetzt nur noch die Leichen ihrer Bewohner sah, wandte sich an König Heinrich II. und bat um Gerechtigkeit; er verwies sie an das Pariser Parlament. Der Generaladvokat der Provence, ein gewisser Guérin, der Haupturheber der Massaker, wurde als Einziger zur Enthauptung verurteilt. Laut De Thou musste er allein für alle Schuldigen büßen, *quod aulicorum favore destitueretur*, d. h. weil er bei Hofe keine Freunde hatte.

9 François Gomar war ein protestantischer Theologe; er behauptete entgegen seinem Kollegen Arminius, dass Gott den größten Teil der Menschen seit aller Ewigkeit dazu bestimmt hat, auf Ewigkeit in der Hölle zu brennen. Dieses infernalische Dogma wurde, wie nicht anders zu erwarten, unterstützt durch Verfolgung. Der Ratspräsident Barneveldt, ein Anhänger der Gegenpartei Gomars, wurde im Alter von 72 Jahren am 13. Mai 1619 enthauptet, »weil er im höchstmöglichen Ausmaße die Kirche Gottes betrübt hat«.

10 Ein Schwadroneur sagt in seiner Apologie der Rücknahme des Edikts von Nantes über England: »Eine falsche Religion musste notwendigerweise solche Früchte hervorbringen. Nur eine davon hatte noch zu reifen, und diese haben die Insulaner gepflückt. Dafür verfallen sie der Verachtung der Völker.« Wahrhaftig, der Autor hat den Zeitpunkt sehr schlecht gewählt, um zu behaupten, die Engländer seien verächtlich und würden auch von aller Welt verachtet. Es ist, scheint mir, wenn eine Nation gerade ihre Tapferkeit und ihren Edelmut demonstriert, wenn sie in allen vier Teilen der Erde sich siegreich zeigt, wenig angebracht zu sagen, sie sei verächtlich und werde verachtet. Diese seltsamen Sätze stehen in einem Kapitel über Intoleranz; die Intoleranz predigen, verdienen, so zu schreiben. Das abscheuliche Buch, das wirkt, als

sei der Verrückte von Verberie sein Verfasser, hat bestimmt keiner geschrieben, der eine geistliche Mission besitzt: Denn welcher Pfarrer würde so schreiben? Der Furor treibt den Autor so weit, dass er die Bartholomäusnacht rechtfertigt. Man möchte meinen, dass ein Werk, das von solchen fürchterlichen Paradoxien strotzt, in aller Hände wäre, und sei es nur durch eben seine Absonderlichkeit; aber es ist kaum bekannt.

11 Vgl. Rycaut.

12 Vgl. Kaempfer und alle sonstigen Berichte über Japan.

13 Herr de la Bourdonnaie, Intendant von Rouen, sagt, dass die Hutmanufakturen in Caudebec und Neufchâtel durch die Flucht der Protestanten zusammengebrochen seien. Herr Foucaut, Intendant von Caen, sagt, dass die Handelsumsätze allgemein um die Hälfte gesunken seien. Herr de Maupeou, Intendant von Poitiers, sagt, dass die dortige Wollmanufaktur am Boden liege. Herr de Bezons, Intendant von Bordeaux, sagt, dass der Handel in Clérac und Nérac fast nicht mehr bestehe. Herr de Miroménil, Intendant der Touraine, sagt, der Handelsumsatz in Tours habe sich jährlich um zehn Millionen verringert – und alles nur wegen der Verfolgung (vgl. die *Mémoires der Intendanten* für 1698). Rechnen Sie vor allem die Zahl der Offiziere zu Lande und zur See sowie die Matrosen zusammen, die sich gezwungen sahen, gegen Frankreich zu dienen, und dies nicht selten zu einem bedauerlichen Vorteil der Feinde – und dann überlegen Sie, ob die Intoleranz dem Staat nicht doch einigen Schaden zugefügt hat.
Wir erkühnen uns hier nicht, Ministern, deren Genie und hochherzige Gesinnung bekannt sind und deren Herz genauso edel ist wie ihre Geburt, Sichtweisen zu oktroyieren; sie werden auch so einsehen, dass die Wiederherstellung der Marine einige Milde gegenüber den Bewohnern unserer Küsten erfordert.

14 Kap. 21 und 24.

15 Kap. 25, V. 16.

16 Kap. 26, V. 24.

17 Obwohl die Juden die Blutgerichtsbarkeit erst erhielten, nachdem Herodes Archilaos zu den Allobrogern verbannt worden war und seitdem Judäa als Provinz des Imperiums regiert wurde, schauten

die Römer oft weg, wenn die Juden Selbstjustiz übten, nämlich wenn sie in einer spontanen Aufwallung aus religiösem Eifer heraus jemanden steinigten, den sie der Blasphemie bezichtigten.

18 Ulpian, *Digesta*, Bd. 1, Kap. 2: *Eis qui judaicam superstitionem sequuntur honores adipisci permiserunt, etc.* – »Denjenigen, die dem jüdischen Aberglauben anhängen, wurde gestattet, Ehrenposten zu bekleiden etc.«

19 Tacitus schreibt (*Annales* 15,44): *Quos per flagitia invisos vulgus christianos appellabat* – »Diese wegen ihrer Missetaten verhassten Leute wurden vom Volke ›Christen‹ genannt.« Es ist schwer zu glauben, dass die Bezeichnung *Christen* in Rom damals schon bekannt war. Tacitus schrieb unter Vespasian und unter Domitian; er sprach von den Christen, wie man eben zu seiner Zeit von ihnen sprach. Ich wage die Behauptung, dass die Worte *odio humani generis convicti*, bedenkt man die Eigentümlichkeiten von Tacitus' Stil, sowohl bedeuten kann »überzeugt, der Menschheit verhasst zu sein« als auch »überführt, die Menschheit zu hassen«. Was taten denn die ersten christlichen Missionare schon groß in Rom? Sie versuchten, einige Seelen zu gewinnen, lehrten ihnen die reinste Moral. Sie lehnten sich gegen keine Macht auf. Die Demut ihres Herzens war außerordentlich; es war so bescheiden wie ihr Status und ihre soziale Lage. Nur erst sehr wenig waren sie bekannt; nur erst sehr wenig waren sie von den anderen Juden geschieden. Wie konnte eine Menschheit, die sie nicht kannte, sie hassen? Und wie konnte man sie dessen überführen, dass sie die Menschheit verabscheuten?
Als London brannte, beschuldigte man die Katholiken; aber dies geschah nach den Religionskriegen, geschah nach der Pulververschwörung, an denen tatsächlich einige Katholiken, die unwürdig waren, welche zu sein, bewiesenermaßen teilgenommen hatten. Bei den ersten Christen zur Zeit des Nero lagen die Dinge aber bestimmt nicht so. Es ist sehr schwer, das Dunkel der Geschichte zu durchdringen. Tacitus jedenfalls präsentiert keinen Grund für den Verdacht, der sich regte, Nero selbst habe Rom einäschern wollen. Viel fundierterer wäre da schon der Verdacht gegen Karl II., London angesteckt zu haben: Das königliche Blut seines Va-

ters, hingerichtet auf dem Schafott vor den Augen eines Volkes, das seinen Tod verlangte, hätte Karl II. zumindest als Rechtfertigung dienen können. Doch bei Nero gab es weder Rechtfertigung noch Vorwand noch Eigeninteresse. Solche wahnwitzigen Gerüchte können in allen Ländern beim Volke Aufnahme finden; selbst in unseren Tagen haben wir schon ebenso wahnwitzige und ebenso ungerechte gehört.

Tacitus, der so gut das Naturell der Fürsten kannte, hat auch gewiss das Naturell des Volkes gekannt: immer oberflächlich, immer übertrieben in seinen heftigen, rasch wechselnden Meinungen, unfähig, irgendetwas zu sehen, aber fähig, alles zu sagen, alles zu glauben und alles zu vergessen.

Philo (der Autor von *De Virtutibus* und *Legatio ad Gajum*) schreibt, dass »Sejanus sie unter Tiberius verfolgte, der Kaiser nach dem Tod des Sejanus sie aber wieder in ihre Rechte eingesetzt« habe. Sie besaßen römische Bürgerrechte, sosehr die römischen Bürger sie auch verachteten. Bei den Getreideausteilungen erhielten sie ihren Part, und wenn der Termin auf einen Sabbat fiel, bekamen sie ihn an einem anderen Tag. Dies geschah vermutlich im Hinblick auf die Geldsummen, die sie dem Staat bezahlt hatten; denn in allen Ländern haben sie sich die Toleranz erkauft, allerdings sich sehr bald dafür schadlos gehalten, was sie hatten investieren müssen.

Die Einstellung der Römer zu den Juden, die Philo hier erwähnt, schildert auch Tacitus, der berichtet, dass man 4000 Juden oder Ägypter nach Sardinien geschickt habe, und bemerkt, dass, sollten klimatische Unbilden sie zu Tode gebracht haben, dies ein *vile damnum* gewesen sei, ein ›geringfügiger Verlust‹ (*Annales* 2, 85). Ich möchte zu dieser Bemerkung noch hinzufügen, dass Philo Tiberius als einen weisen und gerechten Fürsten betrachtet. Ich glaube ja, dass er nur gerecht war, wenn sich diese Gerechtigkeit mit seinen Interessen vertrug; aber das Gute, das Philo über ihn sagt, lässt mich doch ein wenig an den Abscheulichkeiten zweifeln, die Tacitus und Sueton ihm vorwerfen. Es erscheint mir unwahrscheinlich, dass ein schwacher alter Mann von siebzig Jahren sich auf die Insel Capreae zurückzieht, um sich dort exquisiten, aber eher unnatürlichen Ausschweifungen hinzugeben, von denen nicht einmal der zügelloseste Teil der römischen Jugend etwas wusste. Weder Tacitus noch Sueton haben diesen Kaiser gekannt; sie sammelten mit Vergnügen, was man sich so allgemein über ihn erzählte. Augustus, Tiberius und ihre Nachfolger waren verhasst, weil sie über ein Volk herrschten, das eigentlich hätte frei sein müssen. Die Historiker diffamierten sie nach Herzenslust, und man glaubte diesen Historikern aufs Wort, weil damals keine Chroniken, keine Zeitungen, keine Dokumente existierten. Sie zitieren auch keine früheren Geschichtsschreiber; man konnte sie nicht widerlegen. Sie diffamierten, wen sie wollten, und bestimmten nach Belieben das Urteil der Nachwelt. Es ist an dem verständigen Leser zu entscheiden, inwieweit er sich auf die Wahrheitsliebe der Historiker verlassen kann, inwieweit er an die Geschehnisse von öffentlichem Interesse, die jene bedeutenden, in einer aufgeklärten Welt geborenen Autoren mitteilen, glaubt, und welche Grenzen er der eigenen Leichtgläubigkeit setzen muss, wenn ebenjene Autoren Anekdoten ohne jeden Beweis erzählen.

Wir achten mit Sicherheit alles, was die Kirche achtbar macht, und wir beten auch zu den heiligen Märtyrern. Aber kann man nicht den heiligen Laurentius verehren und doch bezweifeln, dass der heilige Sixtus zu ihm sagte: »In drei Tagen wirst du mir folgen«? Dass der Präfekt von Rom Laurentius aufforderte, in dieser kurzen Frist das Geld der Christen einzusammeln und zu übergeben? Dass der Diakon Laurentius Zeit genug hatte, alle Armen der Stadt zusammentreten zu lassen? Dass er vor dem Präfekten herging, um ihn dorthin zu führen, wo diese Armen sich befanden? Dass man ihm den Prozess machte? Dass man ihn der Folter unterzog? Dass der Präfekt bei einem Schmied einen Rost bestellte, der groß genug war, um einen Menschen darauf zu braten? Dass der oberste römische Magistrat persönlich dieser seltsamen Hinrichtung beiwohnte? Dass Laurentius auf dem Rost sagte: »Ich bin jetzt gar auf dieser Seite; lasse mich auf die andere drehen, wenn du mich essen willst«? Menschen zu rösten war nicht die Art der Römer. Und wie kommt es schließlich, dass kein heidnischer Autor diese eigenartigen Begebenheiten erwähnt?

21 Man braucht nur den Vergil aufzuschlagen, um zu erfahren, dass die Römer einen allerhöchsten Gott anerkannten, ein Oberhaupt aller himmlischen Wesen:

O! qui res hominumque deumque
Aeternis regis imperiis, et fulimine terres. (*Aeneis* 1,233 f.)

»O! der du die Geschicke der Menschen und Götter durch ewige Herrschaft lenkst und mit dem Blitz erschreckst.«

O pater, o hominum divumque aeterna potestas. (*Aeneis* 10,18)

»O Vater, du ewiger Herrscher über Menschen und Götter.« Horaz drückt sich noch stärker aus:

Unde nil maius generatur ipso,
Nec viget quidquam simile aut secundum. (*Oden* 1,12,17 f.)

»Größeres als er selbst vermag nicht zustande zu kommen, und es kann keinen Ähnlichen oder Zweiten wie ihn geben.«

Die Mysterien, in die fast alle Römer eingeweiht waren, besangen durchgehend die Einheit Gottes. Betrachten Sie den schönen Hymnus des Orpheus, lesen Sie den Brief des Maximus von Madaura an Augustinus, in dem er schreibt, »dass es nur Dummköpfen einfallen kann, nicht an einen allerhöchsten Gott zu glauben«. Longinianus, ein Heide wohlgemerkt, schrieb an ebenjenen Augustinus, Gott sei »einzig, unbegreiflich, unaussprechlich«. Selbst Lactantius, dem man nicht vorwerfen kann, zu nachsichtig gegenüber Nichtchristen zu sein, gesteht im Buch 5 seiner *Divinae institutiones* (seiner ›Göttlichen Unterweisungen‹, Kap. 3), dass die Römer alle Götter einem höchsten Gott unterordnen: *Illos subiicit et mancipat Deo.* Selbst Tertullian räumt in seinem *Apologeticum* ein (Kap. 24), dass das gesamte Römische Reich einen Gott als Herrn der Welt mit unendlicher Macht und Majestät anerkannte: *principem mundi perfectae potentiae et maiestatis.* Lesen Sie hierzu insbesondere Platon, den Lehrmeister Ciceros in der Philosophie, und Sie werden den Standpunkt finden, »dass es nur einen Gott gibt, den man anbeten und lieben kann und dem man durch Heiligkeit und Gerechtigkeit ähnlich zu werden bestrebt sein muss«. Epiktet in seinen Ketten und Marc Anton auf seinem Thron haben zu hunderten Malen das Gleiche gesagt.

22 Kap. 39.

23 Kap. 35.

24 Kap. 3.

25 Diese Aussage bedarf des Beweises. Es steht wohl außer Frage, dass, seitdem die Zeit der Geschichte die Zeit der Sagen abgelöst hat, die Ägypter sich so verhalten, dass man sie als ein ebenso feiges wie abergläubisches Volk betrachten muss. Kambyses braucht nur eine Schlacht, um sich Ägyptens zu bemächtigen. Alexander diktiert ihm seine Gesetze, ohne dass er einen einzigen Kampf erlebt, ohne dass auch nur eine Stadt eine Belagerung riskiert. Die Ptolemäer erobern es ohne Schwertstreich. Cäsar und Augustus unterwarfen es genauso mühelos. Omar nimmt ganz Ägypten mit einem einzigen Feldzug an sich. Die Mamluken, deren Heimat in Kolchis und in der Umgegend des Kaukasusgebirges liegt, sind nach Omar seine Herren. Sie und nicht die Ägypter schlagen die Armee des heiligen Ludwig und setzen diesen König gefangen. Schließlich aber werden die Mamluken selbst zu Ägyptern, das heißt schlapp, feige, lustlos, unstet, wie es die eingeborenen Bewohner dieses Klimas geworden waren. Kein Wunder also, dass sie binnen dreier Monate unter das Joch des Osmanen Selim I. geraten, der ihren Sultan hängen lässt und ihr Land als Provinz an das türkische Reich angliedert, dessen Teil es bleibt, bis sich eines Tages andere Barbaren seiner bemächtigen.
Herodot berichtet, in der Sagenzeit sei ein ägyptischer König namens Sesostris aus seinem Lande mit der expliziten Absicht losgezogen, die Welt zu erobern; ganz eindeutig eine Idee, wie sie nur einem Picrochole oder einem Don Quichotte einfallen kann. Obendrein ist Sesostris nicht einmal ein ägyptischer Name. So kann man diese Begebenheit und die Ereignisse, die angeblich zu ihr geführt haben, mit den Geschichten aus *Tausend und einer Nacht* in einen Rang setzen. Nichts ist bei besiegten Völkern üblicher, als von ihrer früheren Größe zu fabeln, so wie in gewissen Ländern gewisse elend lebende Familien vorbringen, ihre Ahnen

seien hohe Herrscher gewesen. Die ägyptischen Priester erzählten Herodot, dass der König, den er Sesostris nennt, losgerückt sei, um Kolchis zu erobern. Dies ist, als ob man sagte, ein König von Frankreich sei aus der Touraine losgerückt, um Norwegen zu erobern.

Man mag all diese Märchen in tausend und abertausend Büchern wiederholen, sie werden dadurch nicht wahrscheinlicher. Viel naheliegender ist es anzunehmen, dass die starken und wilden Bewohner des Kaukasus, die Kolchiden und andere Skythen, die so oft Asien verwüsteten, in Ägypten eingedrungen sind. Und wenn die kolchischen Priester anschließend die Sitte der Beschneidung einführten, beweist dies nicht, dass sie unter das Joch der Ägypter geraten waren. Diodor von Sizilien berichtet, dass alle von Sesostris besiegten Könige jedes Jahr aus ihren Reichen kamen, um ihm ihren Tribut zu überbringen. Sesostris habe sie bei dieser Gelegenheit als Kutschpferde eingesetzt, wenn er zum Tempel fuhr, indem er sie vor seinen Wagen spannen ließ. Diese gargantuesken Geschichten werden immer noch jeden Tag getreulich abgeschrieben. Jene Könige müssen aber doch recht einfältig gewesen sein, wenn sie von so weit kamen, um dergestalt als Pferde zu dienen.

Was die Pyramiden und andere antike Bauwerke betrifft, so beweisen sie nichts als den Hochmut und den schlechten Geschmack der ägyptischen Fürsten sowie die Sklaverei eines dummen Volkes, das seine Arme, sein einziges Gut, gebrauchte, um der plumpen Großtuerei ihrer Herren zu dienen. Die Tätigkeiten der Regierung dieses Volkes, eben in den so sehr gerühmten Zeiten, wirkt absurd und tyrannisch. Angeblich gehörten alle Ländereien den Monarchen, die über jene Untertanen herrschten. Solche Sklaven waren gerade die Richtigen, um die Welt zu erobern!

Die tiefgründende Weisheit der ägyptischen Priester ist eine der ungeheuersten Lächerlichkeiten der Frühgeschichte, will sagen: des Reiches der Fabeln. Leute, die behaupteten, dass die Sonne innerhalb von 11 000 Jahren zweimal im Westen auf-, zweimal im Westen untergegangen und dann zu ihrem regulären Kurs zurückgekehrt sei, blieben an Abenteuerlichkeit zweifellos über dem Autor des *Almanach de Liège*. Die Religion dieser Priester, die den Staat regierten, befand sich nicht einmal auf dem Niveau der Religion der wildesten Völker Amerikas. Man weiß, dass sie – die ägyptischen Gottesdiener – Krokodile, Affen, Katzen und Zwiebeln anbeteten. Heute gibt es auf der ganzen Erde keine Verehrung mehr, die dieser an Absurdität gleichkäme – wenn man einmal vom Lama-Kult absieht.

Ihre Kunst taugt kaum mehr als ihre Religion. Nicht eine ägyptische Statue, die auch nur leidlich wäre; was sie an Gutem vorzuweisen haben, entstand in Alexandria unter den Ptolemäern und den Cäsaren, verfertigt von griechischen Künstlern: Sie bedurften eines Griechen, um die Geometrie kennenzulernen.

Der berühmte Bossuet schwärmt in seiner an den Sohn Ludwigs XIV. gerichteten *Rede über die Weltgeschichte* geradezu von den Verdiensten der Ägypter. Der Text mag einen jungen Prinzen blenden, aber schwerlich die Gelehrten überzeugen. Es ist eine sehr eloquente Deklamation, aber ein Historiker sollte mehr Wissenschaftler als Rhetor sein. Außerdem heißt es darin, was hier über die Ägypter ausgeführt werde, sei nur Mutmaßung; ja, welche Bezeichnung kann man denn allem anderen geben, das über die Antike gesagt wurde?

26 Wir bestreiten den gewaltsamen Tod des heiligen Ignatius keineswegs. Aber wenn einer seine Märtyrervita liest und ein Mensch von Verstand ist: Wird er da nicht spüren, wie einige Zweifel sich in ihm erheben? Der unbekannte Autor dieses Berichts schreibt: »Trajan glaubte, es fehle ihm etwas zu seinem Ruhm, wenn er seiner Herrschaft nicht auch den Gott der Christen unterwerfe.« Was für eine Vorstellung! Trajan soll jemand gewesen sein, der über Götter triumphieren wollte? Als Ignatius vor den Kaiser trat, sagte dieser angeblich zu ihm: »Wer bist du, unreiner Geist?« Es ist höchst unwahrscheinlich, dass ein Kaiser persönlich mit einem Gefangenen geredet, ebenso, dass er ihn selbst verurteilt hat. Dergleichen war bei den damaligen Herrschern nicht Brauch. Wenn Trajan Ignatius zu sich kommen ließ, hat er ihn bestimmt nicht gefragt: *Wer bist du?*, denn das wusste er ja. Und kann ein Mann wie Trajan die Wendung *unreiner Geist*

gebraucht haben? Versteht man nicht, dass dies ein Ausdruck des Exorzismus ist, den hier ein Christ einem heidnischen Kaiser in den Mund legt? War so, Herrgott nochmal, Trajans Stil?
Kann man glauben, dass Ignatius ihm antwortete, er heiße Theophorus (Gottesträger), weil er Jesus im Herzen trage, und dass Trajan anschließend mit ihm über Jesus redete? Am Ende des Gesprächs soll Trajan gesagt haben: »Wir befehlen, dass Ignatius, der sich rühmt, den Gekreuzigten in sich zu tragen, in Ketten gelegt wird etc.« Ein den Christen feindlich gesinnter Sophist konnte Jesus Christus vielleicht *den Gekreuzigten* nennen; kaum aber wird man sich dieses Ausdrucks in einem Urteil bedient haben. Die Hinrichtungsart war bei den Römern so gebräuchlich, dass man im rechtlichen Zusammenhang Jesus nicht als *den Gekreuzigten* bezeichnen durfte, weil dann das Kreuz als Gegenstand christlicher Verehrung aufgetaucht wäre. So reden Gerichte und Kaiser eben nicht, wenn sie ihre Entscheidungen verkünden.
Anschließend, so erzählt die Legende, schrieb Ignatius einen langen Brief an die Christen Roms: »Ich schreibe Euch in Ketten«, heißt es darin. Wenn er nun aber an die Christen Roms schreiben durfte, spricht dies ja sehr dafür, dass jene Christen gerade nicht gejagt wurden; Trajan hatte also doch nicht die Absicht, ihren Gott seiner Herrschaft zu unterwerfen. Wenn die Christen indes gerade der Geißel der Verfolgung ausgesetzt waren, beging Ignatius, indem er ihnen schrieb, eine große Unbesonnenheit; denn damit gab er sie der Aufmerksamkeit preis, lieferte sie aus; er wurde praktisch ihr Denunziant.
Es scheint, als hätten jene, die diese Acta redigierten, mehr auf Wahrscheinlichkeit und Üblichkeit achten sollen. Das Martyrium des heiligen Polykarp erweckt noch mehr Zweifel. Die Legende erzählt: Einmal schrie eine Stimme vom Himmel herab: »Nur Mut, Polykarp!« Die Christen unter den Anwesenden hatten den Ruf vernommen; die Übrigen hatten nichts gehört. Nachdem man Polykarp an den Pfahl gebunden und den Scheiterhaufen angesteckt hatte, entfernten sich die Flammen von ihm und bildeten einen Bogen über seinem Kopf; aus dem Bogen stieg eine Taube auf; der Heilige, vor dem die Flammen Ehrfurcht hatten,

verströmte einen wohligen Duft, der die ganze Versammlung erfüllte; und doch vermochte der, an den das Feuer sich nicht herangewagt hatte, nichts gegen die Schneide des Schwertes. Man muss schon zugeben, dass man jenen verzeihen sollte, die in diesen Geschichten mehr Frömmigkeit als Wahrheit finden.

27 *Historia ecclestiatica*, Buch 8.

28 Siehe auch den exzellenten *Brief über die Toleranz* von John Locke.

29 Der Jesuit Busenbaum hat sich zu diesem Aspekt geäußert. Wir zitieren nach einem Kommentar des Theologen Lacroix, ebenfalls Jesuit: »Man darf einen Fürsten, den der Papst exkommuniziert hat, töten. Dies gilt unabhängig davon, in welchem Lande sich dieser Prinz befindet, denn die Welt gehört dem Papst. Und wer diese Aufgabe übernimmt, tut ein gutes Werk.« Besonders dieser Satz, ersonnen in den Tollhäusern der Hölle, hat ganz Frankreich gegen die Jesuiten aufgebracht. Jetzt verübelte man ihnen mehr als je diese Position, die sie so oft lehrten und so oft wieder leugneten. Sie haben sich dadurch zu rechtfertigen geglaubt, dass Thomas und mehrere dominikanische Autoren in ihren Schriften doch fast die gleichen Einstellungen vertreten (lesen Sie hierzu, soweit für Sie greifbar, den *Brief eines Weltlichen an einen Theologen über den heiligen Thomas*, eine jesuitische Broschüre aus dem Jahre 1762). Tatsächlich behauptet Thomas von Aquin, der *doctor angelicus*, der Ausleger des göttlichen Willens (so seine Titel), einiges in dieser Richtung: Ein der Religion abtrünniger Prinz verliert das Recht auf seine Krone; man ist ihm keinen Gehorsam mehr schuldig, und die Kirche darf ihn durchaus mit dem Tode bestrafen (*Summa theologica*, Liber II, Pars 2, Quaestio 12). Sie hat Kaiser Julian seinerzeit nur geduldet, weil sie noch nicht die Stärkere war (ebd.). Das Recht verlangt, dass man jeden Ketzer töte (ebd., Quaestiones 11 und 12). Jene, die ein Volk von einem tyrannisch herrschenden Fürsten befreit, verdienen großes Lob etc. etc. Man hat immer noch viel Achtung vor diesem Gottesboten der Schule. Aber wenn er nach Frankreich gekommen wäre, als Jacques Clément, sein Ordensbruder, und Ravaillac, der Barfüßer, dort wirkten, und hätte diese Standpunkte verfochten –

wie wäre man wohl mit ihm umgegangen, mit dem ›Engel der Schule‹?

Wahr ist leider, dass Jean Gerson, der Kanzler der Pariser Universität noch weiter ging als Thomas und der Franziskaner Jean Petit noch unendlich weiter als Gerson. Mehrere Franziskaner unterstützten die abscheulichen Thesen des Jean Petit. Wahr ist leider, dass diese diabolische Doktrin schon lange in den Köpfen der Mönche feststeckt, und sie kommt einzig aus der verrückten Idee, dass der Papst ein Gott auf Erden sei, der nach seinem Gutdünken über Thron und Leben der Könige bestimmen dürfe. In diesem Punkte standen wir weit unter den Tataren, die den großen Lama für unsterblich halten. Er verteilt an sie Stücke seines Stuhlgangs; sie trocknen diese Reliquien, fassen sie ein und küssen sie andächtig. Ich für meinen Teil gestehe, dass ich um des Friedens willen lieber solche Reliquien am Hals trüge, als zu glauben, dass der Papst das mindeste Recht über das Zeitliche der Könige habe oder auch nur über meines, ganz gleich, in welcher Angelegenheit.

30 5. Buch Mose 14.

31 Da wir uns vorgenommen haben, unserem Text ein paar weiterführende Anmerkungen beizufügen, halten wir in diesem Zusammenhang fest: Gott hat, so heißt es in der Schrift, mit Noah und allen Tieren einen Bund gemacht, und trotzdem erlaubt er Noah, »alles zu essen, was da lebt und sich regt«; nur das Blut der Tiere nimmt er aus: Davon soll der Mensch nicht zehren. Gott fügt noch hinzu, dass umgekehrt seine Rache auch alle Tiere treffen werde, die Menschenblut vergössen (1. Buch Mose 9,5).

In diesen und mehreren anderen Stellen findet man bestätigt, was die ganze Antike während ihrer gesamten Dauer geglaubt hat und was die Verständigen auch heute noch glauben: Tiere haben einen gewissen Grad von Bewusstsein. Gott schloss keine Bündnisse mit Bäumen und Steinen, die keine Empfindung haben, wohl aber mit den Tieren, denen er sogar Empfindungen schenkte, die feinsinniger sind als unsere, sowie Erkenntnisfähigkeiten, die sich notwendig aus diesen Empfindungen ergeben. Deshalb verbittet er sich die Barbarei, sich von ihrem Blut zu ernähren, denn in der Tat ist das Blut der Stoff des Lebens und folglich auch der Empfindungen. Beraubt man ein Tier seines Blutes, funktioniert keines seiner Organe mehr. Die Heilige Schrift sagt also ganz zu Recht an hundert Stellen, dass die Seele – im Sinne dessen, was man die *anima sensitiva* nannte – im Blute liegt; diese so selbstverständliche Vorstellung findet sich bei allen Völkern.

Auf diese gründet sich auch die Forderung nach Rücksichtnahme gegenüber den Tieren. Von den sieben Regeln der Noachiden, die später die Juden übernahmen, verbietet eine, das Körperglied eines noch lebenden Tieres zu verzehren. Das Gebot beweist, dass die Menschen zuvor durchaus grausam genug waren, dem Schlachtvieh Glieder zum Verzehr abzuhacken, während dieses noch atmete; sie verstümmelten die noch lebendigen Tiere und aßen die Teile ihres Körpers stückweise. Dieser Brauch hielt sich bei einigen barbarischen Völkern noch eine ganze Zeit; denken wir an die Opferungen, die auf der Insel Chios dem rohfleischfressenden Dionysos Omadios dargebracht wurden. Gott erlaubt zwar, dass uns Tiere zur Nahrung dienen, befiehlt uns aber doch, eine gewisse Humanität ihnen gegenüber walten zu lassen. Es hat ja auch etwas Barbarisches, ihnen Leid zuzufügen; wohl nur die Gewohnheit vermindert in uns das Grauen davor, ein Tier umzubringen, das wir eigenhändig aufgezogen haben. Es hat immer Völker gegeben, die gegenüber dem Schlachten große Skrupel empfanden; sie leben mancherorts bis heute fort, etwa auf der indischen Halbinsel. Die ganze Sekte der Pythagoreer in Griechenland und Italien enthielt sich konsequent des Fleischverzehrs. Porphyrios wirft in seinem Buch *Von der Enthaltsamkeit* einem seiner Schüler vor, er habe seine Sekte nur verlassen, um seinem barbarischen Appetit zu frönen.

Tiere sind keine bloßen Maschinen. Wer das zu behaupten wagt, hat, meine ich, dem gesunden Menschenverstande komplett entsagt. Da liegt doch ein manifester Widerspruch: Gott hat den Tieren alle Empfindungswerkzeuge mitgegeben, aber sie sollen keine Empfindungen haben?

Es hat die Tiere wohl auch nie genau beobachtet, wer nicht bemerkt, dass und wie die Tiere die verschiedensten emotionalen Regungen artikulieren, etwa Bedürfnis, Leiden, Freude, Furcht, Liebe, Zorn und überhaupt all ihre Gemütsstimmungen. Es wäre doch höchst seltsam, wenn sie so deutlich ausdrückten, was sie gar nicht empfänden.

Einen geübten Verstand kann diese Feststellung zu allerlei Nachdenken über das Vermögen und die Güte des Schöpfers veranlassen, der jenen Wesen, die er selbst mit seiner allmächtigen Hand eingerichtet hat, Leben, Empfindung, Vorstellungen und Gedächtnis gab. Wie die hierfür erforderlichen Organe sich bilden, wie sie sich entwickeln, wie das Leben in die Wesen kommt, nach welchen Gesetzen die Empfindungen, das Gedächtnis und der Wille mit diesem Leben verknüpft sind – das alles wissen wir nicht. Und in dieser tiefen und ewigen Ignoranz, die unabänderlich unserer Natur anhaftet, disputieren wir ohne Unterlass und bekämpfen einander wie Stiere, die sich mit ihren Hörnern stoßen, ohne zu wissen, warum sie überhaupt Hörner haben und wie sie zu ihnen kommen.

32 Amos 5,26.

33 Jeremias 7,22.

34 Apostelgeschichte 7,42 f.

35 5. Buch Mose 12,8.

36 Mehrere Autoren ziehen aus dieser Stelle den gewagten Schluss, dass das Kapitel, in dem es um das Goldene Kalb geht (das nichts anderes ist als der Gott Apis) nachträglich zu den Büchern Mose hinzugefügt wurde.

Ibn Esra war der Erste, der glaubte, bewiesen zu haben, dass der *Pentateuch* zur Zeit der Könige entstanden sei. Woolston, Collins, Tindal, Shaftesbury, Bolinbroke und viele andere führen an, dass die Kunst, seine Gedanken in geglätteten Stein, in Ziegel, in Blei oder in Holz zu gravieren, damals die einzige Art zu schreiben gewesen sei. Genauso haben, sagen sie, zur Zeit des Moses die Ägypter und die Chaldäer geschrieben. Das Gravieren zwang zur Kürze; man beschränkte sich auf das Wesentliche dessen, was man der Nachwelt überliefern wollte, und hielt es durch wenige Zeichen fest, Hieroglyphen etwa, nicht durch ausführliche Geschichten. Man konnte keine dicken Bücher gravieren in einer Wüste, wo man so oft den Lagerort wechselte, wo es niemanden gab, der Kleider herbeizuschaffen oder zu schneidern oder auch nur Sandalen auszubessern vermochte; Gott musste eigens ein vierzig Jahre währendes Wunder tun, um sicherzustellen, dass die Kleider und Schuhe seiner Israeliten heil blieben (5. Buch Mose 8, 3–5). Es ist unwahrscheinlich, sagen die Skeptiker, dass die Schar so viele Zeichengraveure zur Verfügung hatte, wo ihr doch Ausübende der elementarsten und notwendigsten Handwerkskünste fehlten; sie verstanden nicht einmal Brot zu backen. Wenn man den Zweiflern dann entgegenhält, die Säulen der Stiftshütte seien aus Kupfererz gewesen und die Kapitelle aus massivem Silber, antworten sie, dass die Anordnung, diese zu fertigen, vielleicht in der Wüste gegeben, aber erst in glücklicheren Zeiten ausgeführt wurde.

Den Skeptikern will es nicht in den Kopf, dass dieses arme Volk ein Kalb aus massivem Gold verlangte (2. Buch Mose 32,1) und es anbeten wollte vor eben dem Berg, auf dem Gott mit Moses sprach, inmitten der Blitze und Donnerschläge, die das Volk wahrnahm, und beim Schall der himmlischen Trompete, den es hörte (2. Buch Mose 19,18 f.). Die Kritiker wundern sich, dass noch am Abend vor dem Tage, da Moses vom Berge herabkam, das ganz Volk sich an Moses' Bruder gewandt und ein Kalb aus massivem Gold begehrt haben soll. Wie vermochte Aaron, es binnen eines einzigen Tages zu gießen (2. Buch Mose 32,4)? Wie vermochte Moses, es anschließend zu Pulver zu zerstäuben (2. Buch Mose 32,20)? Die Kommentatoren sagen, dass der Guss einer goldenen Statue mindestens drei Monate dauere, und sie in Pulver zu verwandeln, dass man auch noch in Wasser auflösen und schlucken könne, überfordere selbst die gelehrteste Chemie. Aarons Missetat und Moses' Maßnahme müssten demnach zwei Wunder gewesen sein.

Ihre Menschlichkeit und ihre Herzensgüte führt die Zweifler auf Irrwege; so mögen sie nicht glauben, dass Moses dreiundzwanzigtausend Menschen töten ließ, um das besagte Verbrechen zu sühnen (2. Buch Mose 32,28). Sie können sich nicht vorstellen, dass sich dreiundzwanzigtausend Menschen so mir nichts dir nichts von den Leviten haben hinmetzeln lassen, es sei denn, man betrachtete dieses Ereignis als ein drittes Wunder. Außerdem befremdet sie, dass Aaron, der in dem ganzen Vorgang die meiste Schuld trug, für das Vergehen eine Belohnung erhielt, das die anderen so schrecklich hatten büßen müssen (2. Buch Mose 33,19 und 3. Buch Mose 8,2); man machte ihn nämlich zum Hohepriester, als die blutigen Leichname seiner dreiundzwanzigtausend Brüder um den Altar gehäuft lagen, auf dem er opfern sollte. Die gleichen Schwierigkeiten haben die Kommentatoren damit, dass Moses vierundzwanzigtausend Israeliten massakrieren lässt; um diese für die Schuld eines Einzelnen büßen zu lassen, den man mit einem midianitischen Mädchen ertappt hatte. Erstaunlich, haben nicht eine ganze Reihe jüdischer Könige ungestraft Ausländerinnen geheiratet, prominentestes Beispiel Salomo? Daher können besagte Kritiker nicht nachvollziehen, wieso die Verbindung mit einer Midianiterin ein solch großes Verbrechen gewesen sein soll. Ruth war Moabiterin; zwar stammte ihre Familie aus Bethlehem, aber die Heilige Schrift nennt sie durchgehend ›Ruth die Moabiterin‹. Trotzdem legte sie sich auf Anraten ihrer Mutter zu Boas ins Bett; sie erhielt dafür sechs Scheffel Gerste; schließlich heiratete sie Boas und wurde so die Großmutter Davids. Rahab war nicht nur Ausländerin, sondern auch Dirne; die Vulgata nennt sie schlicht eine *meretrix* (Josua 6,17); sie heiratete Salmon, einen Fürsten in Juda, und auch dieser Salmon zählt zu den Ahnen Davids. Rahab sehen sogar viele Theologen als metaphorische Figur der christlichen Kirche an, darunter mehrere Kirchenväter, vorneweg Origenes in seiner siebten Homilie über das Buch Josua.

Batseba, die Gattin des Urija, mit der David den Salomon zeugte, war Hethiterin. Wenn man noch weiter zurückgeht, stößt man darauf, dass Patriarch Juda eine Kanaaniterin heiratete. Seine Kinder hatten nacheinander Tharam aus dem Geschlechte Aram zur Frau. Tharam, mit der Juda, ohne es zu wissen, Blutschande beging, war nicht aus dem Stamme Israel.

So hat sich denn unser Herr Jesus Christus in einer jüdischen Familie inkarniert, die unter ihren Ahnen fünf Ausländerinnen aufwies, um zu zeigen, dass auch fremde Völker an seinem Erbe teilhaben sollten.

Der Rabbiner Ibn Esra war, wie schon gesagt, der Erste, der sich traute zu behaupten, dass der *Pentateuch* erst lange Zeit nach Moses entstanden sei. Dabei gründet er sich auf mehrere Stellen, etwa folgende: »Die Kanaaniter wohnten damals in diesem Lande« (1. Buch Mose 13,6); »Der Berg Morija, genannt der Berg Gottes« (2. Chronik 3,1); »Das Lager des Og, des Königs von Basan, ist heute noch in Rabath zu sehen«; »Nach ihm heißt das ganze Land Basan einschließlich der Zeltdörfer des Jaïr bis auf den heutigen Tag«; »Nie ward in Israel ein Prophet gesehen wie Moses« [zu den letzteren Zitaten keine Fundstellen angegeben, d. Übers.]. »Die Könige aber, die im Lande Edom regiert haben, ehe denn die Kinder Israels Könige hatten, sind diese« (1. Buch Mose 36,31). Ibn Esra führt nun ins Feld, dass jene Passagen, die Dinge ansprechen, welche erst nach Moses geschahen, bestanden oder erkannt wurden, nicht von Moses selbst stammen können. Man antwortet auf diese Einwände, dass diese Stellen Anmerkungen seien, die Kopisten lange Zeit später dem Text hinzugesetzt hätten.

Newton, dessen Namen man allgemein nur mit Respekt nennen sollte, der sich aber auch irren konnte, weil er eben ein Mensch war, schreibt in der Einleitung seiner Kommentare zu Daniel und Johannes die Bücher Mose, das Buch Josua und das der Richter viel späteren heiligen Autoren zu. Er stützt sich dabei auf Kapitel 36 des 1. Buch Mose; auf vier Kapitel des Buches der Richter, nämlich 17, 18, 19 und 21; auf Samuel, Kapitel 8; auf die Chronik, Kapitel 2, auf das Buch Rut Kapitel 4. Und tatsächlich, wenn in Kapitel 36 des 1. Buch Mose von Königen die Rede ist und im Buch der Richter desgleichen, wenn im Buch Rut David Erwähnung findet, dann mag es schon scheinen, dass all diese Bücher erst zur Zeit der Könige entstanden sind. Dies vertreten denn auch einige Theologen, an deren Spitze der berühmte Leclerc steht. Die Meinung hat aber nur eine kleine Zahl von Anhängern, die Neugier genug besitzen, jene Abgründe zu sondieren. Diese Neugier hat allerdings nicht den Rang einer Menschenpflicht. Wenn wir dereinst, ob Gelehrte oder Ungelehrte, ob Fürsten oder Hirten, vor dem Herrn der Ewigkeit erscheinen, wird ein jeder von uns gerecht, menschlich, mitleidig und großmütig gewesen sein wollen. Keiner wird sich rühmen, genau gewusst zu haben, in welchem Jahr der *Pentateuch* geschrieben wurde und aus dem Text die Noten, welche die Kopisten hinzuzusetzen pflegten, aussortiert zu haben. Gott wird uns nicht fragen, ob wir für die Masoreten gegen den *Talmud* Partei ergriffen und ob wir auch ja nie ein *kaph* mit einem *beth*, ein *jod* mit einem *waw* oder ein *daleth* mit einem *resch* verwechselt hätten. Bestimmt wird er uns nach unseren Handlungen richten und nicht nach unserer Tiefenkenntnis der hebräischen Sprache. Wir halten uns hier fest an die Entscheidungen der Kirche, ganz der vernünftigen Pflicht eines Gläubigen gemäß.

Betrachten wir zum Abschluss dieser Fußnote eine wichtige Stelle im 3. Buch Mose, das nach den Vorgängen um das Goldene Kalb entstand. Hierin wird den Juden befohlen, nicht länger die Böcke oder Bocksdämonen anzubeten, »mit denen sie schändliche Unzucht getrieben hatten«. Man weiß nicht, ob dieser seltsame Kult aus Ägypten kam, dem Vaterlande des Aberglaubens und der Schwarzen Magie; aber man glaubt, dass die Gewohnheit unserer angeblichen Hexenmeister, zum Sabbat einen Bock anzubeten und mit ihm unbegreifliche Abscheulichkeiten zu begehen, die einem Ekel erregen, wenn man sie sich nur vorstellt, von den alten Juden herrührt: Tatsächlich waren sie es, die in einem Teil Europas die Hexerei lehrten. Was für ein Volk! Eine so verirrte Grässlichkeit verdiente, sollte man meinen, eine ähnliche Züchtigung, wie das Goldene Kalb ihnen eingebracht hatte; aber der Gesetzgeber begnügt sich mit einem schlichen Verbot. Wir erwähnen diesen Umstand hier nur, um das jüdische Volk kenntlich zu machen. Bestialität muss bei diesem ein gewöhnliches Phänomen gewesen sein; denn es ist das einzige Volk, von dem wir wissen, dass sein Recht sich gezwungen sah, jenes Vergehen eigens zu ahnden – ein Vergehen, gegen das die Gesetzgeber anderer Nationen keine Strafen vorsahen, weil ihnen im Traum nicht eingefallen wäre, dass es so etwas gebe.

Es steht zu vermuten, dass sich bei den Juden durch den Mangel und die Mühseligkeiten, die sie in den Wüsten Paran, Horeb und Kadesch-Barnea erlitten, das weibliche Geschlecht, physiologisch nun einmal schwächer als das andere, dezimiert hatte. Tatsächlich muss es hier einen Mädchenmangel gegeben haben, denn jedes Mal, wenn die Erstürmung einer Stadt oder eines Dorfes ansteht, links wie rechts des Toten Meeres, ergeht der Befehl, alles umzubringen außer den mannbaren Töchtern.

Die Araber, die noch einen Teil dieser Wüsten bewohnen, fordern in den Verträgen, die sie mit den durchziehenden Karawanen schließen, immer wieder für sich mannbare Mädchen. Wahrscheinlich trieben die jungen Männer in diesen abscheulichen Landstrichen die Verdorbenheit der menschlichen Natur so weit, dass sie sich mit Ziegen paarten, wie man es jetzt noch Hirten in Kalabrien nachsagt.

Man könnte nun noch fragen, ob diese Paarungen monströse Doppelwesen hervorgebracht haben, so dass die alten Erzählungen um Satyre, Faune, Kentaure und Minotaure doch einen wahren Hintergrund besäßen. Die Geschichte erzählt davon; die Biologie jedoch hat uns über diesen scheußlichen Sachverhalt noch nicht aufgeklärt.

37 Buch Josua 24,15 ff.

38 4. Buch Mose 11,9.

39 1. Buch der Könige 15,14; ebd. 12,44.

40 2. Buch der Könige 16.

41 Ebd. [1. Buch der Könige] 18,38 u. 40; ebd. [2. Buch der Könige] 2,24.

42 4. Buch Mose 31.

43 Midian gehörte nicht mit zum Gelobten Land. Es war ein kleiner Landstrich in Idumäa (Edom), einem Teil der Arabia Petraea; er begann beim Wildbach Arnon im Norden, endete beim Wildbach Sered (Zared) und erstreckte sich zwischen lauter Felsen am östlichen Ufer des Toten Meeres. Das Gebiet wird heute von einer kleinen Schar Araber bewohnt und hat wohl acht Meilen in der Länge und etwas weniger in der Breite.

44 Aus dem Text – Buch der Richter 11,39 – geht eindeutig hervor, dass Jephta (Jephata, Jiftach) seine Tochter opferte. »Gott missbil-

ligt solche Gelübde«, schreibt Dom Calmet in seiner *Abhandlung über den Schwur des Jephta,* »aber sind sie erst einmal getan, will er auch, dass man sie halte, und sei es nur, um jene zu bestrafen, die sie taten, oder um andere vom leichtsinnigen Geloben abzuschrecken – durch die Gefahr, das Geschworene auch ausführen zu müssen.« Augustinus und fast alle Kirchenväter verdammen Jephtas Handlung; allerdings sagt die Heilige Schrift, er sei »erfüllt gewesen von Gottes Geist« (Buch der Richter 11,29), und Paulus preist ihn in seinem Brief an die Hebräer (11,32) und stellt ihn neben Samuel und David.
Hieronymus schreibt in seinem Brief an Julian: »Jephta opferte seine Tochter dem Herrn und wird daher von dem Apostel zu den Heiligen gezählt.« Da haben wir nun Urteile von zwei Seiten, über die wir das unsrige nicht fällen dürfen. Man muss sich sogar fürchten, hier eine Meinung zu haben.

45 Man kann den Tod des Königs Agag als ein wahres Opfer betrachten. Saul hatte jenen König der Amalekiter zum Kriegsgefangenen gemacht und ihn verträglich behandelt. Doch Samuel der Priester befahl ihm, niemanden zu verschonen; in seinen eigenen Worten: »Töte sie alle, Mann und Weib, auch die kleinen Kinder, selbst die Säuglinge« (1. Buch der Könige 15,3).
»Und Samuel schlug den König Agag in Stücke vor dem Herrn zu Gilgal.«
»Der Eifer, der den Propheten beseelte«, schreibt Dom Calmet, »drückte ihm bei dieser Gelegenheit das Schwert in die Hand, um die Ehre des Herrn zu rächen und um Saul zu beschämen.« Man findet in diesem fatalen Ereignis ein Gelübde, einen Priester und einen Todgeweihten: Es handelte sich also um ein echtes Opfer.
Alle Völker, deren Geschichte wir kennen, haben ihren Göttern Menschen geopfert, außer die Chinesen. Die Römer indes praktizierten diesen Brauch sehr wohl, sogar in der Zeit der Republik, wie Plutarch berichtet (*Fragen der Römer* 82).
Aus Cäsars *Kommentaren* zu seinem *Gallischen Krieg* (1,24) entnehmen wir, dass Germanen einmal gerade Geiseln opfern wollte, die Cäsar ihnen überlassen hatte; der römische Feldherr aber besiegte sie und nahm ihnen die Geiseln wieder weg.

Ich habe schon bei anderer Gelegenheit bemerkt, dass diese Verletzung des Völkerrechts an den Geiseln Cäsars, diese Opferung von Menschenleben – die übrigens, Gipfel der Abscheulichkeit, von Frauen ausgeübt wurde – die Lobpreisungen, die Tacitus in seinem Buch *Von den Sitten der Germanen* letzteren zukommen lässt, doch ein wenig in Frage stellt. Es kann allerdings sein, dass Tacitus hier eher eine Satire gegen die Römer im Sinn hatte als eine Eloge auf die Germanen, die er gar nicht kannte.

Fügen wir *en passant* hinzu: Tacitus liebte die Satire mehr als die Wahrheit. Er will alles verächtlich machen, sogar ganz harmlose Handlungen; und seine Boshaftigkeit gefällt uns fast ebenso wie sein Stil, denn wir lieben Lästereien, und wir lieben Esprit.

Zurück zu den Menschenopfern. Was diese betrifft, so standen die Gallier den Germanen in nichts nach. Es ist der höchste Grad der Dummheit, die eine sich selbst überlassene Natur hervorbringt, und es ist eine der Früchte der Schwäche unseres Verstandes. Wir sagten uns: Gott muss man das Kostbarste und Schönste opfern; und wir haben nichts Kostbareres als unsere Kinder; lasst uns also die Schönsten und Jüngsten unter ihnen auswählen und sie der Gottheit opfern.

Laut Philo hat man im Lande Kanaan gelegentlich schon die eigenen Kinder hingegeben, bevor Gott Abraham befahl, ihm seinen einzigen Sohn Isaak zu opfern, weil er seinen Glauben prüfen wollte.

Sanchuniaton, den Eusebius in seinen Werken zitiert, berichtet, dass die Phönizier, wenn eine große Gefahr drohte, das meistgeliebte unter ihren Kindern opferten und dass Ilus seinen Sohn etwa zur gleichen Zeit darbrachte, da Gott den Glauben Abrahams auf die Probe stellte. Es fällt nicht leicht, die Finsternis des Altertums zu durchdringen, aber fest steht wohl: Es ist nur zu wahr, dass diese grässlichen Opferbräuche so gut wie überall üblich gewesen sind. Die Völker rückten von ihnen umso ferner ab, je mehr sich ihre Sitten verfeinerten; Sittenverfeinerung macht menschlich.

46 Buch der Richter 11,24.

47 Buch der Richter 17, letzter Vers.

48 2. Buch der Könige 5,18 f.

49 Wer sich mit den Gebräuchen des Altertums nicht näher auskennt und nur nach dem urteilt, was er um sich herum sieht, wird ob dieser Absonderlichkeiten womöglich verwundert sein. Aber man muss bedenken, dass damals in Ägypten und in einem großen Teil Asiens das meiste durch Figuren, Hieroglyphen, Zeichen und Sinnbilder ausgedrückt wurde.

Die Propheten, die bei Ägyptern und Juden »Seher« hießen, begnügten sich nicht damit, ihre Ahnungen in Allegorien zu formulieren, sondern demonstrierten auch in praktischen Aktionen die Begebenheiten, die sie voraussagten. So ergreift Jesaja, der erste der vier großen jüdischen Propheten, eine Pergamentrolle (Kap. 8) und schreibt darauf: *Shas bas* – »raube rasch«. Dann geht er zur Prophetin; die wird schwanger und bringt einen Sohn zur Welt; er erhält den Namen *Maher-salas-has-bas*, d. h. »Nimm rasch die Beute.« Es handelt sich um ein figuratives Bild für die Übel, welche die Ägypter und Assyrer den Juden zufügen werden.

Derselbe Prophet sagt an anderer Stelle (7,15 f., 18, 20): »Ehe das Kind alt genug ist, dass es Butter und Honig essen und Gut und Böse unterscheiden kann, wird das Land, vor dem euch graut, von zwei Königen verlassen sein. Der Herr wird den Fliegen Ägyptens und den Bienen Assyriens pfeifen. Und der Herr wird sich ein Schermesser leihen und dem König von Assyrien den ganzen Bart und die Haare seiner Füße abscheren.«

Diese Prophezeiung von den Bienen sowie von der Rasur des Bartes und der Haare an den Füßen kann nur verstehen, wer weiß, dass es damals üblich war, Bienenschwärme mit einem Flageolett oder sonst einem ländlichen Instrument herbeizulocken; dass man einem Manne keine größere Schmach antun konnte, als ihm den Bart abzuschneiden; dass »Haare der Füße« eine Umschreibung für die Schamhaare war, und dass man diese gewöhnlich nur bei unreinen Krankheiten wegschor, etwa bei Lepra. All diese figurative Rede, die unseren Sprachgewohnheiten so fremd erscheint, bedeutet nichts anderes, als dass der Herr in einigen Jahren sein Volk von der Unterdrückung befreien wird.

Ebenjener Jesaja (Kap. 20) geht einmal splitternackt umher, womit er andeuten will, dass der König von Assyrien aus Ägypten und Äthiopien eine Schar Gefangener wegführen werde, und die würden nichts mehr haben, ihre Blöße zu bedecken.
Hesekiel (Kap. 4 ff.) verzehrt den Pergamentbrief, den ihm Gott überreicht hat. Dann bedeckt er sein Brot mit Exkrementen. Er legt sich zum Schlafen dreihundertneunzig Tage auf die linke Seite und vierzig Tage auf die rechte, um darzutun, dass es den Juden an Brot mangeln wird, und um ihnen zu bedeuten, mit wie vielen Jahren Gefangenschaft sie rechnen müssen. Er behängt sich mit Ketten, die jene des Volkes symbolisieren. Er entfernt seine Haare und seinen Bart und teilt das Abgeschnittene in drei Teile; das erste Drittel steht für jene, die in der Stadt sterben müssen; das zweite für jene, die an den Mauern fallen; das dritte für jene, die nach Babylon verschleppt werden.
Der Prophet Hosea (Kap. 3) verbindet sich mit einer Ehebrecherin und kauft sie für fünfzehn Silberlinge und anderthalb Scheffel Gerste. »Du wirst«, sagte er zu ihr, »mehrere Tage mit mir zusammen sein, und während dieser Zeit wird sich kein anderer Mann dir nähern. Genauso werden die Kinder Israels lange Zeit ohne Könige, ohne Fürsten, ohne Opfer, ohne Altar und ohne Leibrock sein.« Kurz, die Nabis, die Seher, die Propheten sagen fast nie etwas voraus, ohne das Vorausgesagte durch ein praktisches Zeichen figürlich darzustellen.
Jeremias folgt also bloß dem besagten Brauch, wenn er sich mit Stricken fesselt und Halsringe und Joche anlegt und diese Zeichen auch anderen überbringen lässt; er will so signalisieren, dass nicht nur er, sondern auch sie bald in Sklaverei geraten werden. Wenn man nur darauf achten wollte, würde es einem nicht entgehen: Diese Zeiten gehören quasi zu einer anderen Welt, einer alten Welt, die sich in allem von der neuen unterscheidet; das bürgerliche Leben, die Gesetze, die Art, Kriege zu führen, die Zeremonien der Religion – alles ist völlig anders. Da braucht man nur im Homer zu lesen oder den ersten Band von Herodots *Historien* aufzuschlagen, um sich zu überzeugen, dass wir keinerlei Ähnlichkeit mit den Völkern der Hochantike haben und dass wir un-

serem Urteil nicht trauen dürfen, wenn wir versuchen, die damaligen Sitten und Zustände mit den unseren zu vergleichen.
Sogar die Natur war nicht so, wie sie heute ist. Die Magier hatten eine Gewalt über sie, die sie jetzt nicht mehr haben; sie beschworen Schlangen, zitierten Tote herbei etc. Gott sandte Träume, und bestimmte Menschen deuteten sie. Die Gabe des Weissagens war allgemein verbreitet. Es geschahen Metamorphosen; so wurde aus Nebukadnezar ein Ochse, aus Lots Weib eine Salzsäule, aus fünf Städten ein Schwefelsee.
Da wären noch bestimmte Menschenarten, die heute nicht mehr existieren. Die Stämme der Großwüchsigen – nennen wir die Rephaim, Enim, Nephilim und Enakim – sind verschwunden. Augustinus behauptet in Buch V seines *Gottesstaates*, er habe einmal den Zahn eines alten Riesen gesehen, hundertmal so groß wie ein gemeiner Molar. Hesekiel (27,2) erwähnt die Gamadim-Pygmäen, die nur eine Elle hoch gewesen wären und bei der Belagerung von Tyros mitgekämpft hätten. In fast all diesen Dingen widersprechen die profanen Kommentatoren den Autoren der heiligen Bücher nicht. Auch die Krankheiten und die Heilmittel waren anders als in unseren Tagen. Besessene etwa kurierte man mit einer Wurzel namens *barat*, die man in einen Ring fasste und dem Patienten unter die Nase hängte.
Diese alte Welt war also von der unseren so verschieden, dass man aus der ersteren keine Verhaltensregeln für die letztere ableiten kann. Und selbst wenn sich die Menschen in jener weit zurückliegenden Antike um der Religion willen gegenseitig verfolgt und unterdrückt hätten, so müssten wir doch diese Grausamkeit nicht nachahmen, die wir unter dem Gesetz der Gnade leben.

50 Buch Jeremias 17,6.

51 Buch Jeremias 18,17.

52 Buch Jesaja 44 und 45.

53 2. Buch Mose 20,5.

54 5. Buch Mose 28.

55 Es gibt nur eine Stelle in den Gesetzen des Moses, aus der sich schließen lässt, dass er die bei den Ägyptern herrschende Meinung, die Seele sterbe nicht mit dem Körper, gekannt habe. Diese

Passage ist sehr wichtig; sie findet sich im Kapitel 18 des 5. Buch Mose: »Fragt nicht die Wahrsager um Rat, die für ihre Prophezeiungen die Wolken betrachten, die Schlangen beschwören, die sich an den Geist des Python wenden, fragt nicht die Seher, nicht die Geisterkenner, die mit Toten reden, um von ihnen die Wahrheit zu erfahren.«

Wenn man dergestalt vorgab, durch Zauberwerk Zugang zu den Verstorbenen zu haben, implizierte dies doch, dass man vom Fortbestand der Seele ausging. Vielleicht waren die Magier, die Moses hier meint, nur plumpe Täuscher, die gar keine genaue Vorstellung von dem Zauberwerk hatten, das sie zu verrichten meinten. Sie wollten die Leute glauben machen, sie könnten durch ihre Magie die Verstorbenen zum Reden zwingen, also kurzfristig den Zustand wiederherstellen, in dem sie sich als Lebende befanden. Dabei überlegten sie wohl kaum, ob man durch diese lächerlichen Operationen die Lehre von der Unsterblichkeit der Seele bestätigte oder nicht. Hexenmeister waren noch nie Philosophen; sie waren stets nur Gaukler, die Schwachköpfen Tricks vormachten.

Zusätzlich darf man sich doch sehr darüber wundern, dass das Wort *Python* hier im 5. Buch Mose vorkommt, also viel früher, als die Hebräer dieses griechische Wort kennen konnten: Im Hebräischen selbst ist *python* nicht geläufig, so dass wir seine exakte Bedeutung nicht wissen.

Die hebräische Sprache stellt einen vor unüberwindliche Schwierigkeiten. Sie ist ein Gemisch aus Phönizisch, Ägyptisch, Syrisch und Arabisch, ein altes Gemengsel, das sich heute sehr verändert darstellt. Das Hebräische besitzt für die Verben nie mehr als zwei Tempora, das Präsens und das Futur; die anderen Tempora muss man aus dem Zusammenhang erraten. Verschiedene Vokale werden oft durch dasselbe Zeichen ausgedrückt, und ebenjenes Zeichen steht gelegentlich für etwas anderes als einen Vokal. Die Erfinder der Punkte haben die Unklarheiten noch vermehrt. Jedes Adverb hat zwanzig verschiedene Bedeutungen. Viele Wörter bedeuten das eine und auch das genaue Gegenteil.

Zu dieser Verwirrung kommen noch die Trockenheit und die Armut dieser Sprache. Die Juden, die nichts von Künsten verstanden, konnten nicht ausdrücken, was sie nicht wussten. Kurz, das Hebräische verhält sich zum Griechischen wie die Sprache eines Bauern zu der eines Akademikers.

56 Buch Hesekiel 18,20.

57 Ebd. 20,25.

58 Die Meinung Hesekiels behielt in der Synagoge schließlich die Oberhand. Andere Juden jedoch glaubten nicht nur an die ewigen Strafen, sondern auch daran, dass Gott die Kinder für die Verfehlungen ihrer Väter büßen lasse. Gegenwärtig sind sie schon über fünfzig Generationen strafgepeinigt, und die ewigen Strafen haben sie auch noch zu fürchten. Nun gab es ja zur Zeit der Hinrichtung Jesu Christi Juden, die nicht in diese verwickelt waren, die zwar zu Jerusalem wohnten, aber trotzdem keinen Anteil daran hatten, ebenso wenig wie jene, die über den ganzen Erdball verstreut lebten. Man kann sich fragen, ob die Nachkommen dieser Juden, die doch so unschuldig sind wie ihre Väter, zeitlich bestraft gehören. Diese zeitliche Strafe, oder vielmehr diese Art zu leben, die sie von anderen Völkern unterscheidet – die etwa darin besteht, dass sie Handel treiben, ohne ein Vaterland zu besitzen –, kann gar nicht als Züchtigung angesehen werden im Vergleich zur ewigen Pein, die sie sich durch ihren Unglauben zuziehen und der sie nur durch eine aufrichtige Konversion entgehen können.

59 Wer im *Pentateuch* eine Lehre über die Hölle und das Paradies sucht, die dem entspräche, wie wir uns die beiden Reiche heute vorstellen, dürfte ziemlich enttäuscht werden. Der Irrtum liegt lediglich in einer eitlen Streiterei über Sprachliches begründet. Im Hebräischen heißt *scheol* ›Grube‹ [wie auch ›Totenwelt‹, d. Übers.]; die *Vulgata* hat das Wort mit *infernum* (›das Unterirdische‹) übersetzt, woraus im Französischen *enfer* wurde. Die erwähnte Doppeldeutigkeit hat dazu geführt, dass man den alten Hebräern zuschrieb, sie hätten sich die Hölle vorgestellt wie die Griechen ihren ›Hades‹ oder ›Tartarus‹; ähnliche Vorstellungen gab es unter anderen Namen bei anderen Völkern auch schon früher.

Nun berichtet das Kapitel 16 des 4. Buch Mose (31–33), dass die

Erde ihren Mund auftat unter den Zelten Korahs, Dathans und Abirams und sie verschlang samt ihrer Zelte und ihrer Habe, und dass sie lebendig in ihr Grab, in den Abgrund stürzten. Nicht die Rede ist an dieser Stelle freilich von den Seelen jener drei Hebräer, ebenso wenig von Höllenqualen oder einer ewigen Strafe.
Es ist merkwürdig, dass die *Enzyklopädie* unter dem Stichwort HÖLLE schreibt, dass die alten Hebräer die Existenz einer solchen anerkannt hätten. Wenn dem so wäre, gäbe es im *Pentateuch* einen unbegreiflichen Widerspruch: Moses spricht an einer einzigen, isoliert dastehenden Stelle von den Strafen nach dem Tode, lässt aber in seinen Gesetzen nichts darüber verlauten – wie soll man das erklären? Man zitiert in diesem Zusammenhang gern eine Stelle aus dem 5. Buch Mose (21–24), aber man verstümmelt sie; hier ist die Passage vollständig: »Sie haben mich gereizt mit dem, was kein Gott ist, und sie haben mich erzürnt durch ihre Eitelkeit; jetzt werde ich sie reizen mit dem, was kein Volk ist; mit einer unverständigen Nation werde ich sie kränken. Denn ein Feuer ist angegangen in meinem Zorn und wird brennen bis in den tiefsten Boden der Erde; es wird das Land verzehren mit allem, was auf ihm wächst, und es wird anzünden die Grundfesten der Berge. Ich will alles Unheil auf sie häufen und all meine Pfeile in sie schießen. Sie sollen vor Hunger verschmachten. Vögel sollen sie fressen mit bitteren Bissen. Ich will die Zähne der Tiere auf sie loslassen, die grimmig über die Erde ziehen, und Schlangen.«
Besteht wohl die geringste Ähnlichkeit zwischen diesen Ausführungen und den Höllenstrafen, wie wir sie uns vorstellen? Vielmehr scheinen diese Worte wie geschaffen dafür darzutun, dass unsere Hölle den alten Juden unbekannt war.
Der Autor des Artikels in der *Enzyklopädie* zitiert ferner eine Stelle aus Hiob (24,15–19): »Das Auge des Ehebrechers wartet auf das Abenddunkel, und er spricht zu sich: ›Kein Auge wird mich erblicken‹ und verhüllt sein Gesicht. Während der Finsternis steigt er in die Häuser, wie er es am Tage gesagt hatte. Das Licht scheuen sie [die Missetäter; d. Übers.]. Wenn plötzlich der Morgen kommt, halten sie ihn für den Schatten des Todes, und sie wandeln im Dunkeln wie in der Tageshelle. Der Schatten ist leicht auf

der Oberfläche des Wassers. Sein Stück Land soll verflucht sein auf Erden. Er wird nicht den Weg über die Weingärten gehen. Er kommt aus Schneewässern in übergroße Hitze. Und sie haben gesündigt bis an ihr Grab.« Oder auch: »Das Grab hat getrennt, die da sündigten.« Oder auch, laut der Septuaginta: »Ihre Sünde ist nicht vergessen worden.« Manche Exegeten legen das *Grab* nun als *Hölle* aus.

Ich zitiere die Passagen vollständig und wörtlich; das muss auch sein, denn sonst kann man sich keinen rechten Begriff davon machen.

Ist in den bisher zitierten Stellen, bitte sehr, das Geringste enthalten, aus dem man schließen könnte, Moses habe den Juden die klare und einfache Lehre beigebracht, dass es nach dem Tode Strafen und Belohnungen gebe?

Das Buch Hiob hat keine Beziehung zu den Gesetzen des Moses. Es ist sogar sehr wahrscheinlich, dass Hiob gar kein Jude war; das meint etwa auch Hieronymus in seinen hebraistischen Studien über das 1. Buch Mose. Das Wort *Satan*, das im Buch Hiob erscheint (1,1, 6, 12), war den Juden nicht bekannt; im *Pentateuch* jedenfalls findet man es nirgendwo. Die Juden lernten diesen Namen erst in Chaldäa kennen, wie ihnen auch die Namen *Gabriel* und *Raphael* vor ihrer babylonischen Gefangenschaft nicht geläufig waren. Das Zitat aus Hiob vermag hier also gar nichts zu belegen.

Manche verweisen auch auf den letzten Satz des Buches Jesaja (56,23 f.): »›Und von Monat zu Monat, von Sabbat zu Sabbat wird alles Fleisch kommen, mich anzubeten‹, sprach der Herr. ›Und man wird hinausgehen auf den Schindanger und die Leichname derer schauen, die sich gegen mich vergangen haben. Die Würmer an ihnen werden nicht sterben, ihr Feuer wird nicht verlöschen, und sie werden allem Fleische bis zum Überdruss ausgestellt.‹«

Wahrhaftig, wenn sie auf den Schindanger geworfen werden, wenn sie den Blicken der Passanten ausgesetzt werden bis zum Überdruss, wenn die Würmer sie fressen, heißt das doch nicht, dass Moses den Juden das Dogma von der Unsterblichkeit der

Seele gelehrt hätte. Und der Satz »Ihr Feuer wird nicht verlöschen« bedeutet nicht, dass die Kadaver, die hier den Blicken des Volkes ausgesetzt werden, die ewigen Strafen der Hölle erleiden. Wie kann man nur eine Stelle aus Jesaja zitieren, um zu beweisen, dass die Juden zur Zeit des Moses das Dogma von der Unsterblichkeit der Seele angenommen hatten? Jesaja prophezeite, nach der hebräischen Zeitrechnung, um das Jahr der Welt 3380, Moses aber lebte um das Jahr der Welt 2500. Zwischen den beiden liegen also acht Jahrhunderte. Es ist eine Beleidigung des gesunden Menschenverstands oder ein purer Witz, wenn man dergestalt das Recht aufs Zitieren missbraucht; hier behauptet man, dass ein Autor die und die Meinung vertreten habe, und will dies aus einer Passage eines anderen Autors beweisen, der achthundert Jahre später schrieb und diese Meinung gar nicht geäußert hat. Es besteht kein Zweifel, dass die Unsterblichkeit der Seele sowie die Strafen und Belohnungen nach dem Tode in der Bibel verkündigt, anerkannt und bestätigt werden, aber eben nur im Neuen Testament; ebenso wenig Zweifel aber besteht, dass sich an keiner Stelle des *Pentateuch* etwas davon findet; der große Arnauld hat dies in seiner Apologie des Port-Royal klar und nachdrücklich dargetan.
Die Juden glaubten später zwar an die Unsterblichkeit der Seele, hatten aber keine genaue Vorstellung über deren spirituelle Beschaffenheit. Sie vermeinten wie fast alle anderen Völker auch, dass sie etwas Zartes, Luftiges sei, eine leichte Substanz, die eine gewisse Ähnlichkeit mit dem Körper bewahrt, den sie einst belebt hatte. Diese Seinsformen nannte man die »Schatten« oder »Manen« der Verstorbenen. Die Sichtweise vertraten mehrere Kirchenväter. Tertullian formuliert sie so (*De anima* [›Über die Seele‹], Kapitel 22): *Definimus animam Dei flatu natam, immortalem, corporalem, effigiatam, substantia simplicem.* – »Wir begreifen die Seele als ein durch den Hauch Gottes erzeugtes Wesen, unsterblich, körperlich, das eine Gestalt hat und aus einer einheitlichen Substanz ist.«
Irenäus schreibt in diesem Zusammenhang (*Adversus haereses* [›Gegen die Häresien‹], Buch 2, Kapitel 34): *Incorporales sunt ani-*

mae quantum ad comparationem mortalium corporum. – »Die Seelen sind unkörperlich im Vergleich mit den sterblichen Leibern.« Er fügt hinzu, Jesus habe gelehrt, dass die Seelen die Gestalt der Körper, die sie früher bewohnten, behielten (*caracterem corporum in quo adoptantur* etc.). Wir können nicht finden, dass Jesus dies jemals gelehrt hätte, und es ist schwer dahinterzukommen, was Irenäus hier genau meint.

Hilarius ist hier eindeutiger und bestimmter; in seinem *Kommentar zum Matthäusevangelium* attribuiert er der Seele glattweg ein körperliches Wesen (*Corpoream naturae suae substantiam sortiuntur*).

Ambrosius behauptet in seinem Werk über Abraham (Buch 2, Kapitel 8), dass es nichts Immaterielles gebe außer der Substanz der Heiligen Dreifaltigkeit.

Man könnte diesen ehrwürdigen Männern vorwerfen, dass sie mangelhafte Philosophiekenntnisse hatten. Aber wir glauben, dass sie umso stärker in Theologie waren; denn da sie die unbegreifliche Natur der Seele nicht kannten, schrieben sie ihr Unsterblichkeit zu und wollten sie christlich machen.

Wir wissen, dass die Seele etwas Geistiges ist; aber wir wissen nicht im Geringsten, was Geist ist. Wir kennen schon die Materie nur höchst unvollkommen, aber ganz und gar misslingt es uns, zu einer deutlichen Vorstellung davon zu gelangen, was nicht Materie ist. Sind wir schon sehr wenig vertraut mit dem, was unsere Sinne berührt, können wir aus eigener Kraft erst recht nichts von dem erkennen, was jenseits der Sinne liegt. Wir legen ein paar Worte unserer gewöhnlichen Sprache in die Abgründe der Metaphysik und der Theologie hinein, um uns eine ungefähre Vorstellung dessen zu verschaffen, was wir weder erfassen noch ausdrücken können. Wir versuchen uns auf diese Worte zu stützen, um uns, soweit es irgend geht, eine bescheidene Orientierung in diesen unbekannten Regionen zu ermöglichen.

So bedienen wir uns des Wortes *Geist*, das eigentlich nicht mehr sagt als *Hauch* oder *Wind*, um etwas zu bezeichnen, das nicht Materie ist. Und dieses Wort *Geist*, *Hauch* und *Wind* führt uns wider Willen zur Idee einer leichten und zarten Substanz. Und von der schneiden wir dann noch einmal so viel wie möglich ab, um zu der Vorstellung einer reinen Geistigkeit zu gelangen. Aber es gelingt uns eben niemals, einen deutlichen Begriff davon zu bekommen. Wir wissen nicht einmal, was wir sagen, wenn wir das Wort *Substanz* benutzen. Etymologisch betrachtet bedeutet es ›was darunter ist‹; schon dadurch verrät es seine eigene Unbegreiflichkeit, denn was soll denn das sein, ›was darunter ist‹? Gottes Geheimnisse zu durchschauen, gehört nicht zur Bestimmung unseres Lebens. Sie sind in tiefes Dunkel getaucht, und in dem rennen wir gegeneinander an und schlagen aufs Geratewohl in diese Nacht hinein, ohne genau zu wissen, worum wir uns eigentlich streiten.

Wenn man als vernünftiger Mensch all dies gründlich bedenkt, kann man doch nicht anders, als zu dem Schluss zu kommen, dass wir den Meinungen anderer mit Nachsicht begegnen müssen, genauso wie wir diese selbst verdienen.

All diese Bemerkungen gehen gar nicht an unserem Grundthema vorbei, das in der Frage besteht, ob die Menschen einander tolerieren sollen. Da die Ausführungen beweisen, wie man sich zu allen Zeiten auf beiden Seiten geirrt hat, beweisen sie auch, dass die Menschen sich eigentlich auch schon zu allen Zeiten mit Nachsicht hätten behandeln müssen.

60 Die Lehre von der Fatalität ist alt und allgemein verbreitet. Man findet sie bei Homer an vielen Stellen. Zeus wollte seinem Sohn Sarpedon das Leben retten, aber das Schicksal hatte ihn zum Tode verurteilt; Zeus musste sich fügen. Die Philosophen dachten sich das Schicksal entweder als die Verkettung von Ursachen und Wirkungen, wie die Natur sie eingerichtet, oder aber, wie die Vorsehung sie bestimmt hat, wobei die letztere Sichtweise die weit vernünftigere ist. Das ganze System des Fatalismus enthält dieser Satz von Annaeus Seneca (*Moralische Briefe* 107):

Ducunt volentem fata, nolentem trahunt. – »Den Willigen führt das Schicksal, den Unwilligen zieht es.«

Es bestand immer Einigkeit darüber, dass Gott die Welt nach ewigen, allgemeinen und unveränderlichen Gesetzen regiert. Und doch wurde diese Wahrheit zur Quelle aller unverständlichen Streitigkeiten um die Freiheit, weil nie definiert wurde, was Freiheit sei, bis der weise Locke bewies: Freiheit ist das Vermögen zu handeln. Gott schenkt dieses Vermögen, und der Mensch, der nach Gottes ewigen Gesetzen frei handelt, ist eins der Räder in der großen Weltmaschine. Die ganze Antike stritt über die Freiheit, aber niemand verfolgte deswegen bis in unsere Zeit den anderen. Was für eine grauenvolle Absurdität, dass man wegen dieses Streites Denker einsperrte oder ins Exil trieb, einen Arnauld, einen Sacy, einen Nicole und so viele andere, die das Licht Frankreichs waren!

61 Der theologische Roman von der Seelenwanderung stammt aus Indien, woher wir viel mehr Erzählungen erhalten haben, als man gemeinhin glaubt. Diese Lehre wird in dem wunderbaren fünfzehnten Kapitel der *Metamorphosen* des Ovid dargelegt. Sie hatte fast auf der ganzen Welt Anhänger; sie wurde auch immer bekämpft. Aber nirgendwo finden wir, dass ein Priester in der Antike einen *lettre de cachet* gegen einen Schüler des Pythagoras hätte ausstellen lassen.

62 Weder die alten Juden noch die Ägypter noch jene Griechen, die ihre Zeitgenossen waren, glaubten, dass die Seele des Menschen nach seinem Tode in den Himmel komme. Die Juden vermeinten, Sonne und Mond bewegten sich einige Meilen über uns in derselben Kreisbahn, und das Firmament sei ein dichtes und festes Gewölbe, das die Last des himmlischen Wassers zu tragen habe, von dem freilich durch ein paar Öffnungen immer wieder etwas herabfällt. Für die alten Griechen befand sich der Palast der Götter auf dem Berg Olymp. Der Aufenthalt der Helden nach dem Tode war zu Zeiten des Homer eine Insel jenseits des Ozeans; dies dachten auch die Essener.

Seit Homer ordnete man den Göttern Planeten zu. Aber die Menschen hatten nicht mehr Grund, einen Gott auf den Mond zu setzen, als die Mondbewohner Grund hatten, einen Gott auf dem Planeten Erde zu platzieren. Juno und Iris besaßen keine anderen Paläste als die Wolken; ihre Füße fanden dort also keinen Halt. Bei den Sabäern hatte jeder Gott seinen Stern; aber da ein Stern für sie eine Sonne war, konnte ein Gott dort unmöglich wohnen, es sei denn, er hatte die Natur des Feuers. Es ist also höchst unnütz zu fragen, wie sich die Alten den Himmel vorstellten; die beste Antwort wäre noch, dass sie ihn sich gar nicht vorstellten.

63 Matthäus 22,4.

64 Lukas 14.

65 Ebd. 14,26 ff.

66 Matthäus 18,17.

67 Matthäus 23.

68 Ebd. 26,59.

69 Matthäus 26,61.

70 Es war für die Juden in der Tat sehr schwer, wenn nicht gar unmöglich, ohne eine besondere Offenbarung das unaussprechliche Mysterium der Menschwerdung von Gottes Sohn, der selbst Gott ist, zu begreifen. Das 1. Buch Mose bezeichnet als »Kinder Gottes« die Söhne von Mächtigen. Ähnlich werden in den *Psalmen* (79,11) hohe Zedern »Zedern Gottes« genannt. Samuel sagt, ein »Schrecken Gottes« sei auf das Volk gefallen (1. Buch der Könige 16,15); gemeint ist »ein gewaltiger Schrecken«. Ein starker Wind heißt »ein Wind Gottes«, die Krankheit des Saul »die Schwermut Gottes«. Es scheint nun, dass die Juden, als Jesus sich den »Sohn Gottes« nannte, dies im wortwörtlichen Sinne auffassten. Die Äußerung betrachteten sie aber als Blasphemie. Vielleicht ist dies ein weiterer Beweis für ihre Verständnislosigkeit gegenüber dem Mysterium der Menschwerdung von Gottes Sohn, der selbst Gott ist und auf die Erde gesandt wird zum Heil der Menschen.

71 Als dies 1762 so geschrieben wurde, war der Orden der Jesuiten noch nicht verboten. Wenn dieses Unglück sie damals schon getroffen hätte, wäre der Autor ihnen gewiss mit Achtung begegnet. Aber man vergesse nie, dass sie nur verfolgt wurden, weil sie zuvor selbst Verfolger waren. Und möge ihr Beispiel jene zittern lassen, die, vielleicht noch intoleranter als die Jesuiten, eines Tages auf die Idee verfallen, ihre Mitbürger zu unterdrücken, weil sie ihre fanatischen und absurden Meinungen nicht übernehmen wollen. [Die Anmerkung wurde 1771 hinzugefügt.]

72 Siehe hierzu das hervorragende Werk *Handbuch der Inquisition*.

Zu dieser Ausgabe

Die Übersetzung der vorliegenden Ausgabe folgt:

Voltaire: Traité sur la tolérance. In: Œuvres complètes de Voltaire. Mélanges. Bd. 25. Paris: Garnier, 1879. S. 13–118

Voltaire-Porträt von Nicolas de Largillière, 1724 oder 1725, heute im Schloss von Versailles

Nachwort

> »Was ist Toleranz? Toleranz ist ein Pfand der Humanität. Wir alle sind voller Schwächen und Irrtümer; vergeben wir uns gegenseitig unsere Torheiten, dies ist das erste Gesetz der Natur.«
> »Was soll man einem Menschen antworten, der einem sagt, dass er lieber Gott gehorche als den Menschen, und der sich folglich sicher ist, sich den Himmel zu verdienen, wenn er einen erwürgt.«[1]

François-Marie Arouet, der 1694 in Paris geboren wurde – in Frankreich regierte da noch der »Sonnenkönig« Ludwig XIV. – und sich 1718 den Schriftstellernamen »Voltaire« zulegte (ein Anagramm aus »Arouet l[e] j[eune]«, Arouet der Jüngere; *u* und *j*, wie im Lateinischen, als *v* und *i* geschrieben), um nicht mit dem Stückeschreiber Pierre-Charles Roy verwechselt zu werden, ist die alle anderen überragende Zentralgestalt der französischen Aufklärung. Nach ihm wird das 18. Jahrhundert in Frankreich auch »le siècle de Voltaire« genannt, das Jahrhundert Voltaires.

Aber Voltaire ist auch im heutigen Frankreich gegenwärtig. Als Premierminister Michel Debré 1960 dazu riet, Jean-Paul Sartre zu verhaften, der zusammen mit 120 anderen Künstlern und Intellektuellen ein Manifest gegen den Algerienkrieg unterzeichnet hatte, soll Staatspräsident de

1 Voltaire: Philosophisches Taschenwörterbuch. Nach der Erstausgabe von 1764 erstmals vollständig ins Deutsche übersetzt von Angelika Oppenheimer. Nachwort von Louis Moland. Herausgegeben von Rainer Bauer. Stuttgart: Reclam, 2020; Artikel »Toleranz«, »Fanatismus«.

Gaulle ihm entgegnet haben: »Allons, Debré, on n'arrête pas Voltaire!« – einen Voltaire verhaftet man nicht.

Reviens, Voltaire, ils sont devenus fous (»Komm zurück, Voltaire, sie sind verrückt geworden«) hatte 2008 der damalige Chefredakteur des Satiremagazins *Charlie Hebdo*, Philippe Val, ein Buch betitelt, als er wegen des Abdrucks von Mohammed-Karikaturen verklagt wurde. Nach dem islamistischen Massaker an Redakteuren der Zeitschrift war der, der unentwegt für die Toleranz gefochten hatte, dann 2015 wieder hochaktuell. Die Verkaufszahlen seines 1763 erschienenen *Traité sur la tolérance* stiegen in Frankreich von 11 500 auf 185 000 Exemplare im Jahr, und an den Straßen hingen Plakate mit seinem Bild und dem Slogan »Je suis Charlie«.

Nichts war Voltaire mehr zuwider als Intoleranz gegenüber Andersdenkenden, als Fanatismus, Dogmatismus, Fundamentalismus, als der Wahn, man selber sei im Besitz der allein seligmachenden Wahrheit, und alle Andersgläubigen seien zu vernichten. Das war für ihn der Gipfel der Intoleranz: töten, morden aus religiösen Motiven.[2]

Da konnte auch Voltaire unduldsam werden. »Écrasez l'infame« war das Motto, das er ab 1760 unter Briefe an Gleichgesinnte setzte: »Zerschmettert die Niedertracht«, und das durfte man getrost lesen als: »Zerschmettert die Niederträchtige«, nämlich die katholische Kirche.

Im *Philosophischen Taschenwörterbuch*, das 1664 wie zuvor der *Traité* ohne Verfasserangabe erschien (das Risko, verfolgt zu werden, war zu groß), schreibt er: »Habt ihr bei

2 Bezeichnenderweise trug die erste deutsche Übersetzung des *Traité*, 1764, den Titel *Abhandlung über die Religionsduldung*.

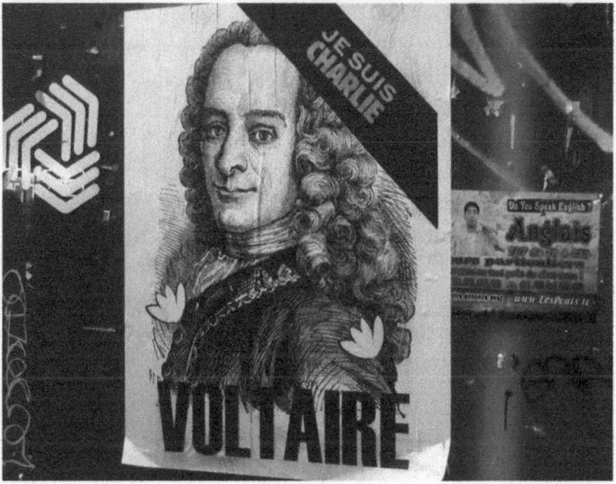

euch zwei Religionen, werden sie sich die Kehle durchschneiden, habt ihr dreißig, leben sie in Frieden miteinander.« Zur Toleranz gehört die Pluralität der Meinungen, schließlich kommt das Wort von lateinisch *tolerare*, »ertragen, aushalten, dulden«.

Voltaires Vater war Jurist, seine Mutter, die ebenfalls aus einer Juristenfamilie stammte, starb, als er sechs Jahre alt war. Die Erziehung übernahm zunächst seine Schwester, und 1704 kam er auf das Jesuitenkolleg Louis-le-Grand, die heutige Eliteschule Lycée Louis-le-Grand im Quartier Latin.

Dort erwarb er nicht nur eine umfassende humanistische Bildung, sondern wurde auch in der hohen Kunst der jesuitischen Dialektik und Rhetorik geschult. Deren Verfahren beherrschte er perfekt, und er machte sie zur Grundlage eines vorurteilsfreien Denkens, das nichts ungeprüft lässt, alles in Frage stellt. Voltaire löst damit das 1784, nach seinem Tod, von Immanuel Kant formulierte Motto der Aufklärung ein: »Habe Mut, dich deines eigenen Verstandes zu bedienen!«

Diese Grundüberzeugung zieht sich durch sein gesamtes Werk. Schon in dem Theaterstück *Œdipe* (1718), mit dem er debütierte und das ihn als gerade Vierundzwanzigjährigen schlagartig berühmt machte, lässt er Ödipus' Vertrauten Araspe sagen:

»Ne nous fions qu'à nous; voyons tout par nos yeux:
Ce sont là nos trépieds, nos oracles, nos dieux.«

(»Vertrauen wir allein uns selbst; sehen wir alles mit unseren Augen: / Das sind unsere Dreifüße, unsere Orakel, unsere Götter« – auf einem Dreifuß über einer Erdspalte hockte im antiken Delphi im Apollontempel die Orakelpriesterin Pythia.)

Mit seiner freigeistigen Haltung machte Voltaire sich Feinde. 1717 sollte ein satirisches Gedicht für ihn elfmonatige Festungshaft in der Bastille und anschließende Verbannung in die Provinz zur Folge haben. 1726 ließ ihn der Chevalier de Rohan wegen einer spöttischen Antwort verprügeln, der drohenden Haft entging er, indem er sich für zweieinhalb Jahre nach England begab.

1740 kommt es in Kleve zu einer ersten Begegnung mit Friedrich II. von Preußen, der ihn 1750 an seinen Hof holt.

Das Verhältnis ist nicht spannungsfrei, und 1753 reist Voltaire unter einem Vorwand aus Potsdam ab. 1755 lässt er sich am Genfer See nieder und beginnt seine Mitarbeit an der großen französischen *Encyclopédie* von Diderot und d'Alembert, was ihm wegen des Artikels »Genf«, für den er d'Alembert Informationen geliefert hatte, Ärger mit der Genfer Stadtregierung einbringt.

Voltaire geht wieder auf Reisen (den *Candide* schreibt er zum Teil im Schloss von Schwetzingen) und erwirbt 1758 das Landgut Ferney an der Grenze zur Schweiz – weit genug von Paris entfernt, doch auf französischem Boden. Der Ort nennt sich zu seinen Ehren seit 1878 Ferney-Voltaire. Hier verbringt er den Rest seines Lebens, empfängt Besucher aus ganz Europa und führt einen umfangreichen Briefwechsel mit den Großen seiner Zeit, und hier entstehen Dutzende von Werken, darunter der *Traité sur la tolérance* und das *Dictionnaire philosophique portatif*.

Mit dem *Traité sur la tolérance* erreicht er die Rehabilitierung des Justizopfers Jean Calas, der 1762 in Toulouse auf grausame Weise hingerichtet worden war, und seiner Familie. Die Geschichte muss hier nicht im Einzelnen nachgezeichnet werden, Voltaire selber hat den Ablauf genau geschildert (siehe in diesem Buch das erste und die beiden letzten Kapitel). Auch in anderen Fällen wird Voltaire als Anwalt der Verfolgten tätig. Den Chevalier de la Barre in Abbeville (bei dem man neben erotischen Werken auch ein Exemplar des *Dictionnaire* gefunden hatte), kann er nicht vor dem Scheiterhaufen retten, im Fall des protestantischen Notars Jean-Paul Sirven aus Castres, der – ganz ähnlich wie Jean Calas – beschuldigt wurde, seine Tochter, die zum Katholizismus habe übertreten wollen, ermordet zu haben, gelingt es ihm, den Freispruch zu bewirken.[3]

Voltaire war ungemein vielseitig. Er hat Gedichte verfasst, Epen, Romane und Erzählungen, Theaterstücke, historische und philosophische Werke; auch den Naturwissenschaften widmete er seine Aufmerksamkeit. Allein seine Korrespondenz umfasst in der Gesamtausgabe (*Œuvres complètes de Voltaire*) der Oxforder Voltaire Foundation 51 Bände.[4]

Um 1760 beginnt Voltaire sich für den Vegetarismus zu interessieren, vermutlich, nachdem er die Abhandlung *Über die Enthaltung von Beseeltem* des antiken Philosophen Porphyrios (3. Jh.) gelesen hatte, die 1747 erstmals ins Französische übersetzt worden war. Ob Voltaire selber zum Vegetarier wurde, ist fraglich, doch hat seine Einstellung gegenüber den Tieren in seinem Werk ihren Niederschlag gefunden. So schreibt er im *Dictionnaire philosophique*: »Wie jämmerlich, wie armselig ist es doch, wenn behauptet wird, die Tiere seien Maschinen, des Erkenntnisvermögens und der Gefühle beraubt, die ihre Handlun-

3 Die Justiz war nicht zimperlich, wenn es um die Ahndung religiöser Verfehlungen ging. La Barre wurde zum Abschneiden der Zunge, zum Abschlagen der rechten Hand, zur Folter, zur Enthauptung und anschließenden Verbrennung verurteilt (eine Vergünstigung, die Adeligen vorbehalten war; mit ihm wurden das *Dictionnaire* und die anderen anstößigen Werken verbrannt). Sirven wurde zum Tod auf dem Rad verurteilt, eine besonders qualvolle Art, Menschen langsam zu Tode zu bringen.

4 Die bis zur Veröffentlichung der Oxforder Ausgabe maßgebliche Gesamtausgabe der Werke Voltaires, 1877–85 bei Garnier in Paris erschienen (52 Bände), ist unter fr.wikisource.org/wiki/Auteur:-Voltaire online verfügbar.

Gedenktafel am Haus Nr. 27, Quai Voltaire, in Paris

gen immer auf die gleiche Weise ausführen, nichts lernen, nichts vervollkommnen usw.!« Und mit dem *Gespräch zwischen dem Kapaun und dem Masthuhn* (1763) verfasst er, wie Anke Engelke es formuliert hat, die bei ihren Auftritten mit Iris Berben daraus liest, »ein frühes Pamphlet für Vegetarismus«. Voltaire ist aktuell, auch bei uns.

Nach 28-jähriger Abwesenheit kehrt Voltaire im Februar 1778 nach Paris zurück. (Auf Ludwig XV., der Voltaire nicht leiden konnte, war mittlerweile Ludwig XVI. gefolgt.) Wenige Monate später stirbt er dort, in einem Haus am später nach ihm benannten Quai Voltaire. Seine Freunde, die befürchten, man werde ihm ein christliches Begräbnis verweigern, schaffen den Leichnam heimlich in die Abtei Sellières bei Troyes, wo er bestattet wird. 1791, zwei Jahre nach der Französischen Revolution, die er mit seinen Schriften vorbereiten half, werden seine sterblichen Überreste in einem großen Trauerzug, zu dem auch eine goldglänzende Truhe mit den 92 Bänden seiner kurz zuvor fertiggestellten *Gesammelten Werke* gehört, ins Pariser Pantheon überführt.[5]

Dieter Meier

5 Kompakte Einführung ins Werk: Jürgen von Stackelberg: Voltaire. München: Beck, 2006.

Inhalt